15948/3708

Paris. — Imprimerie de SCHNEIDER et LANGRAND, rue d'Erfurth, 1.

LE
PRINCE ROYAL

L'EXIL. — LE RETOUR. — LE COLLÉGE.
LES PREMIÈRES ARMES. — LA RÉVOLUTION DE 1830. — ANVERS.
LES FIANÇAILLES.
LES FÊTES DU MARIAGE DE FONTAINEBLEAU.
LES FÊTES DE VERSAILLES ET DE PARIS. — L'ALGÉRIE. — LE 15 JUILLET.
NEUILLY. — LES FUNÉRAILLES. — NOTRE-DAME DE PARIS.
LES TOMBEAUX DE L'ÉGLISE DE DREUX.

PAR JULES JANIN.

PARIS,

ERNEST BOURDIN, ÉDITEUR,

rue de Seine, 51.

1842

LE PRINCE ROYAL.

PALERME ET PARIS.

Il n'est jamais trop tard pour rendre à un illustre mort son tribut de regrets et de respects ; s'il ne s'agissait, cette fois encore, que de raconter à la France et à l'Europe, qui les savent par cœur, les tristes et malheureux détails de la mort de M. le duc d'Orléans, et de ramasser dans le bruit et dans la douleur populaires, toute cette histoire lamentable, nous n'aurions pas ce triste courage; nous laisserions de côté tous ces détails de crâne brisé, de sang, d'autopsie, de cercueils, et ces histoires de tentures funèbres, de funérailles, de soldats qui pleurent, voyant passer devant eux le corps inanimé du jeune capitaine; admirable jeunesse, si misérablement anéantie ! et nous nous contenterions de partager en silence tant de douleurs. Mais au milieu de l'étonnement général et quand toutes les bouches étaient ouvertes pour parler du prince royal, quand toutes les oreilles étaient attentives au moindre discours qu'on en faisait, quand d'un bout de l'Europe à l'autre c'était la conversation générale, il nous a semblé que peut-être, à côté de ces récits et de ces douleurs, il y avait un livre à produire, où se résumeraient les premiers triomphes, les premiers combats et quelques-uns des grands bonheurs de ce noble jeune homme. Hélas ! il n'y a pas déjà si longtemps, au milieu des joies de l'an 1837, nous avons suivi de bien près toutes les fêtes de cet heureux mariage, nous avons été les témoins émus et charmés, des fiançailles de Fontainebleau, des fêtes de Versailles, des solennités de Paris, et du bal brillant de l'hôtel de ville, retardé par les malheurs du champ de Mars. A cinq ans de distance, juste ciel ! et presque jour pour jour, quelle différence ! D'un côté des villes heureuses, des populations qui se précipitent au-devant d'une noble princesse, des chemins jonchés de fleurs, le roi qui attend au sommet de l'escalier de Fontainebleau sa fille nouvelle ; la princesse Marie vivante encore, grand œil noir et sérieux qui jetait sa dernière flamme ; la reine triomphante, et au milieu de ses frères enchantés, le prince royal dans tout l'éclat, dans toute la beauté, dans toute la force de la jeunesse... c'était l'heure solennelle où l'arc de triomphe de l'Étoile s'était dégagé de son linceul, où le musée de Versailles allait s'ouvrir, jours heureux entre tous parmi ceux de la monarchie de juillet. Mais aujourd'hui soudain tout change : la route de Neuilly, ce facile sentier qui réunit le palais du roi au foyer du père de famille, se couvre de sang et de larmes ; le char de triomphe devient un char funèbre, le deuil s'étend sur la France entière ; plus de joie, plus de transports ; l'armée pleure son plus noble soldat. l'université de France son disciple bien-aimé, les artistes éperdus redemandent à la mort leur plus éclairé et leur plus bienveillant protecteur. Cette même princesse Hélène de Mecklembourg, qui nous arrivait il y a cinq ans, heureuse, triomphante, adorée, voici qu'elle s'arrête la nuit, au sommet d'une montagne ; et à l'aspect d'un aide de camp de son mari, éperdue et tremblante, elle s'écrie : « Il se meurt, il est mort ! » De là, des larmes, des gémissements, des prières suppliantes. Et cette mère, cette reine des Français qui se relève au milieu d'un sommeil agité, et qui s'en va, pas à pas, dans la chapelle funèbre, et là qui tient son pauvre enfant sur ses genoux tremblants et qui le regarde tendrement comme s'il allait encore s'éveiller et lui sourire ; et le roi des Français, entouré de ses amis les plus fidèles, à genoux dans une cabane voisine de son palais et qui pleure sur le premier-né de sa race ; et ces députés de la France, qui s'assemblent d'un bout de la France à l'autre, évoqués par cette grande mort ; étrange et douloureux spectacle ! Nous, cependant, qui nous souvenons des fêtes de 1837, et qui entendons retentir les gémissements de 1842 ; nous qui avons raconté, il y a cinq ans, les joies de Fontainebleau, les gloires de Versailles, les fêtes de Paris, est-ce à dire que nous allons abandonner dans sa misère ce prince hospitalier qui nous avait permis de prendre part à sa joie ; est-ce à dire que nous reculerons devant les tombeaux de la chapelle de Dreux, nous qui nous sommes assis à la table du roi en plein Versailles ? Non certes, non, nous ne laisserons pas cette histoire inachevée, nous ne reculerons pas devant ces douleurs inattendues ; cette fois encore nous vous dirons les fêtes et les triomphes, mais en même temps aussi nous vous dirons la mort et les misères. Songez donc qu'il y a dans les caveaux de Dreux depuis cinq ans, ici la princesse Marie de Wurtemberg, là Son Altesse Royale le duc d'Orléans, prince royal.

Le duc d'Orléans, fils et petit-fils de tant de rois, est descendu de cette noble maison de Bourbon qui, au dire de Bossuet, n'a pas son égale sous le soleil. Il vint au monde le 5 septembre 1810, à Palerme, en Sicile, et plus d'un poëte italien se mit à réciter l'églogue de Virgile : *Prenons un ton plus haut, muses de la Sicile. — Sicelides musœ, paulo majora canamus.* Au moment où lui venait le premier de sa race, M. le duc d'Orléans était en Espagne. A cette nouvelle que lui écrit sa femme, qu'un enfant leur est né, le prince accourt en toute hâte ; il revoit sa femme, il admire son enfant. Non, si ce n'est pas la France encore, mais déjà ce n'est plus l'exil, ce n'est plus l'abandon des mauvais jours ; c'est une famille qui commence, c'est un petit fils de Henri IV, à qui sont promis des temps meilleurs. Que de projets autour de ce jeune berceau ! que de rêves heureux ! que d'espérances ! Cette espérance était dans tous les cœurs, à ce point que le vieil évêque qui jetait l'eau du baptême sur la tête de l'enfant, en invoquant sainte Rosalie, la patronne des rois de la Sicile, s'écria, dans un instant d'enthousiasme : « *Mon Dieu ! c'est peut être un roi de France que je baptise !* Non, pas un roi de France, hélas ! mais le fils d'un roi, mais l'honneur de la jeunesse française, mais le prince le plus regrettable et le plus regretté. Un enfant dont la mort fera verser bien des larmes, voilà l'enfant que vous avez baptisé. La naissance de cet enfant fut suivie des plus grandes et des plus solennelles catastrophes dont l'histoire gardera le souvenir. Soudain, de ce grand empire français élevé à force de génie et de courage, plus rien ne reste. L'Empereur de la France et du monde tombe au milieu des glaces incendiées de Moscou. Seule contre tous, la France se débat et s'agite. Vains efforts! Alors, pour la première fois depuis bien longtemps, il fut parlé de la maison de Bourbon. Cet exil que l'on disait éternel, — éternel comme la puissance de l'empereur Napoléon, — l'exil relâcha sa proie. Louis XVIII, et son frère et son fils firent leur entrée dans cette capitale de la France qui les avait oubliés si complétement. Mais le moyen d'oublier à tout jamais une pareille famille? Une histoire tout entière qui remonte de Louis XVI, le martyr, au roi Louis XIV, le grand roi, et de Louis XIV à Henri IV, le père du peuple, et de celui-là à saint Louis, et de saint Louis aux plus obscurs commencements de la nation française, ce sont là de ces souvenirs, un instant effacés par les révolutions et par les batailles, qui se retrouvent bien vite dans l'esprit et dans l'âme des peuples. Aussi, lorsque la voix la plus éloquente de ce siècle, la voix de M. de Chateaubriand lui-même, eut expliqué aux Français de 1814 ce que c'était que la maison de Bourbon, la race de saint Louis et de Henri IV, aussitôt, dans cet abîme de revers où ils étaient tombés, les Français se mirent à battre des mains, l'espérance leur revint avec le souvenir. La paix après tant de guerres acharnées, la paix qui rend le fils à sa mère, qui peuple les villes et qui les sauve, oui, la paix fécondante des campagnes; les lettres, les beaux-arts, la poésie qui reviennent en foule; l'enfance qui n'est plus réveillée par le bruit des tambours, le vieillard qui n'entend plus retentir le canon à son lit de mort, c'étaient là comme autant de rêves dont la France ne s'était pas bercée depuis tantôt quarante années ; elle était fatiguée, elle avait besoin de repos ; son Empereur était tombé comme elle, n'en pouvant plus. Enfin, dans le lointain surgissait quelque chose qui ressemblait à la liberté : c'était comme un rayon qui commençait à poindre, faible et lointaine lueur qui pouvait devenir un jour comme une flamme vive et éternelle. Ainsi d'un côté, par reconnaissance pour le passé, de l'autre côté, par espérance pour l'avenir, la France accueillit la maison de Bourbon avec une joie sérieuse et bien sentie. Elle trouva bien, il est vrai, que le roi Louis XVIII était loin de ressembler à l'empereur et roi des champs de bataille, mais la bonne grâce et l'élégance du comte d'Artois, la tournure militaire de M. le duc de Berry et son affable bonne humeur, obtinrent grâce aux yeux des plus prévenus ; surtout dans cette foule d'exilés que l'exil avait vieillis avant l'âge, ce qui parut charmant à voir, ce furent les deux enfants du duc d'Orléans ; l'un avait à peine deux ans, l'autre, le prince royal que nous pleurons, avait déjà quatre ans, quatre ans, l'âge du comte de Paris à peu près. A voir ce jeune enfant, que son père pouvait présenter à tous comme l'espérance d'une monarchie, à voir cet enfant naïf et joyeux au milieu de cette famille d'exilés, vieillis loin de la France, à qui la France avait fait tant de mal, et qu'elle rappelait pour obéir à l'étranger, les plus habiles dans la France de 1814, et, avec les habiles, les bonnes gens, se mirent à prévoir que l'avenir de la maison de Bourbon se tournerait forcément du côté de cette jeune famille. Cet enfant placé là, c'était comme la colombe blanche qui rapporte le rameau vert. Ce n'était pas le passé avec ses rancunes, ses préjugés, ses colères cachées, ses haines à satisfaire, ses ambitions et ses préjugés gothiques, c'était l'avenir avec son innocence, sa naïveté, sa bonne grâce, toute sa belle et douce parure. Paris tout entier fut charmé à la vue du petit duc de Chartres; lui cependant, au milieu de tant de travaux et de tant de tempêtes, il grandissait si heureux d'être en France, si fier de sa patrie retrouvée, si aimé de son père et de sa mère; bel et noble enfant élevé au milieu de toutes les passions généreuses, dans cette grande maison ouverte à tous les poëtes, à tous les beaux génies, à tous les soldats persécutés, à tous les grands souvenirs de la France politique et guerrière. Ce qui a frappé d'abord les regards du jeune duc de Chartres, ç'a a été le spectacle grave et sérieux d'un père qui cherche à retrouver, à force de zèle, de persévérance et de travail, les lambeaux épars d'une fortune et d'une grandeur que les révolutions ont emportées; ç'a été le courage et la piété de sa mère, si confiante dans les destinées de sa maison, femme généreuse et grande, qui avait accepté l'exil du duc d'Orléans avec plus de joie et d'orgueil qu'elle n'eût accepté une couronne; toute cette maison du duc d'Orléans était devenue tout d'abord grave, austère, silencieuse. Dans les divers partis qui divisaient la France, le prince se tenait à l'écart; pour le duc d'Orléans, l'avenir n'était pas au château des Tuileries, il était dans le cœur et dans l'estime de la nation, il était dans l'adoption générale; aussi quand vint l'heure de jeter son fils aîné dans les travaux de la jeunesse, le duc d'Orléans prit son fils par la main, et, gravissant tous les deux le quartier Saint-Jacques, il conduisit le jeune prince dans le collége qui porte d'une façon si glorieuse le grand nom de Henri IV. A cette nouvelle que le fils du duc d'Orléans était élevé avec les enfants des bourgeois de Paris, la cour fut troublée, mais la ville de Paris fut bien heureuse; on avait tant dit à la bourgeoisie que désormais c'en était fait de ses destinées, que la cour allait l'emporter sur elle et qu'il n'y aurait plus dans le monde que des roturiers et des gentilshommes! La prévoyance et la sagesse de M. le duc d'Orléans furent un démenti donné à ces clameurs. Mais bientôt lorsque les condisciples du jeune prince furent les témoins de son zèle, de son intelligence et de son aptitude à tout deviner, à tout comprendre; surtout lorsque, après le résultat des premières luttes, les élèves du collége de Henri IV furent bien persuadés, bien convaincus qu'entre eux et M. le duc de Chartres toutes choses étaient égales et dans une équité parfaite, alors les louanges éclatèrent de plus belle, alors on finit par croire qu'en effet M. le duc d'Orléans avait pris au sérieux l'éducation bourgeoise du prince son fils.

Ainsi élevé sous une main bienveillante et ferme, et par les bons soins d'un honnête homme, d'un homme d'honneur plein de zèle de science et d'ardeur, M. Boismilon, le jeune duc de Chartres fit bientôt des progrès rapides. Les langues anciennes et les langues modernes, l'histoire, qui est l'étude des rois; les sciences exactes, l'étude des esprits droits, furent menées de front et avec un rare bonheur. Il n'était pas d'année qui ne ramenât au concours général, parmi les jeunes têtes couronnées, le nom de M. le duc de Chartres, non pas toujours pour les premiers prix, mais au moins pour quelques mentions honorables qui faisaient tressaillir de joie et d'orgueil sa noble mère. Il nous semble que nous voyons encore madame la duchesse d'Orléans, dans ces fêtes de la jeunesse, prêtant une oreille attentive au nom glorieux des heureux lauréats; et quand enfin arrivait le nom de son fils, quand son enfant rapportait une couronne à sa mère, aux applaudissements frénétiques de la jeunesse française, non, à coup sûr, la noble femme n'a pas été plus transportée de joie et d'orgueil le jour où la France lui dit : « Madame, soyez notre reine. » Heureuses et saintes couronnes du collége, la reine les a placées avec honneur dans sa maison de Neuilly.

Ses études achevées, quand ses plus heureux condisciples se répandaient çà et là, dans tout le fol enivrement de la première liberté, M. le duc de Chartres se mit à suivre, avec un zèle assidu et infatigable, les cours de l'école polytechnique, rude et difficile labeur, tâche compliquée qui fatigue souvent les intelligences les plus avancées. Le duc de Chartres se trouva naturellement, par la force de ses premières études, à la hauteur de l'enseignement de l'école; il suivit, pendant deux ans, les leçons de ces savants professeurs, Biot, Gay-Lussac, Arago, Poisson, et les uns et les autres ils rendirent justice tout d'abord à cette vive et profonde intelligence qui embrassait tous les détails de la science. C'est ainsi que l'on devient un homme, c'est ainsi que M. le duc de Chartres, à l'âge de dix-neuf ans, mérita l'honneur de commander un régiment, et que les plus vieux militaires furent heureux d'obéir à ce jeune prince tout rempli des plus belles et des plus savantes théories. Ainsi sa jeunesse fut tout de suite grave, sérieuse, occupée. Les maîtres légitimes du château des

Tuileries qui se rappelaient, non pas sans regret peut-être, les galants scandales de leur vie, quand ils s'informaient du duc de Chartres, étaient bien étonnés d'apprendre les profondes études et la réserve de ce jeune homme. Quoi donc? A cet âge, avec ce nom-là, cette fortune, ce régiment à conduire, pas une folie? pas un scandale? Rien qui ressemblât à la jeunesse des princes d'autrefois? Et à ce propos, les plus sages de la cour comparaient M. le duc de Chartres à M. le duc de Bourgogne, l'élève bien-aimé de Fénélon. C'était, disait-on, la même ardeur pour l'étude, la même aptitude pour les sciences, le même courage calme et réfléchi. Depuis le duc de Bourgogne, la cour de France n'avait guère été habituée à tant de méditations et de silence autour d'un prince du sang royal ; mais, au contraire, que de scandales, que de dépenses, que de folies, que de misères autour de ces jeunesses oisives et indolentes ! Hélas ! si ceux qui ont parlé du duc de Bourgogne les premiers, à propos de M. le duc de Chartres, si ceux-là avaient pu prévoir que la fin de ces deux princes serait la même, qu'ils mourraient tout d'un coup l'un et l'autre, celui-ci emporté par une fièvre sans nom, celui-là par un accident lamentable, et que nulle sagesse humaine ne pouvait prévoir; deux princes morts à la fleur de leur âge, l'éternel regret de la France, qui laissent après eux deux orphelins, et ces difficiles questions de régence qui contiennent, dans leurs ténèbres, tout l'avenir du royaume, combien ils auraient été épouvantés, les hommes sages dont nous parlons, de ces cruelles et inexplicables ressemblances entre M. le dauphin (M. le duc de Bourgogne) et M. le duc d'Orléans ! Écoutez, par exemple, M. le duc de Saint-Simon, ce frondeur qui n'admire rien ni personne, parler avec un enthousiasme tout paternel de M. le duc de Bourgogne, et dites-nous si la plupart des traits de cette belle physionomie ne peut pas s'appliquer au prince royal? « Le discernement de ce prince n'était donc point asservi ; mais, comme l'abeille, il recueillait la plus parfaite substance des plus belles et des meilleures fleurs. Il tâchait de connaître les hommes, de tirer d'eux les instructions et les lumières qu'il en pouvait espérer. Il conférait quelquefois, mais rarement, avec quelques-uns, mais à la passade, sur des matières particulières ; plus rarement en secret sur des éclaircissements qu'il jugeait nécessaires, mais sans retour et sans habitude. » Et tout le reste de ces nobles pages se pourrait attribuer au prince royal.

A la cour du roi Louis XIV la désolation fut la même ; dans le peuple ce fut la même douleur unanime, et dans l'armée l'affliction fut immense.

M. le duc de Bourgogne, tout aussi bien que le prince royal, s'était montré un hardi soldat, un intelligent capitaine ; il s'était fait aimer et estimer de ses frères d'armes ; il avait été l'orgueil et l'honneur de l'armée française : l'armée le pleura comme son appui, comme son espoir. De ces deux princes, l'ambition avait été la même : se faire pardonner leur naissance royale, illustre et inestimable privilége, à force de zèle, de travail et de vertus publiques et privées. Bien plus, c'eût été pour M. le duc d'Orléans un vif sujet de chagrin de n'être pas pris au sérieux de très-bonne heure, il aurait eu honte de devenir le sujet des passions et des conversations frivoles. Ainsi, dans l'âge même où les jeunes gens font parler avec joie de leurs dépenses frivoles, de leurs emportements, de leurs folles amours, M. le duc de Chartres mettait toute son étude à se faire oublier de chacun et de tous. Son père, homme grave, père de famille dévoué, qui comprenait qu'une grande et souveraine partie de la fortune de sa maison reposait sur cette jeune tête, le mena avec lui en Écosse, en Angleterre, afin qu'il pût étudier tout à l'aise le secret de cette force, de cette richesse, de cette industrie, de cette domination des mers. Ce voyage en Angleterre n'eut rien de frivole. Le duc de Chartres apprit à la chambre même des communes tout le mécanisme de la constitution anglaise; les plus illustres amitiés des trois royaumes et des États-Unis vinrent au-devant du jeune prince.

Le roi d'Angleterre les reçut comme un roi reçoit les personnes royales. Le voyage en Écosse fut une espèce de triomphe. Surtout ce qui charma le peuple d'Angleterre et d'Écosse, ce fut d'entendre ce jeune prince parler avec tant de facilité la langue nationale. En même temps il avait toutes les allures d'un gentilhomme, toutes les passions innocentes d'un artiste, tous les instincts d'un homme de sens. Trouvait-il sur son chemin un beau vieux château du temps d'Élisabeth, il le dessinait sur son album; passait-il sur un champ de bataille, à Culloden, par exemple, il étudiait les chances de la bataille, il suivait d'un regard intelligent les armées disparues, il se demandait, déjà! à quoi tiennent les couronnes et à combien peu tenaient les destinées des monarchies? C'est là un sujet de tableau que nous proposons aux artistes : M. le duc de Chartres, à vingt ans, sur le champ de bataille de Culloden.

Tout à coup éclate et brille, comme fait l'éclair et le tonnerre qui tombe, la révolution de juillet. En moins de trois jours, cette fière monarchie de la maison de Bourbon tombe écrasée sous les pavés des barricades. Déjà le duc d'Orléans et le duc de Chartres recueillaient, chacun de son côté, celui-là dans Paris qui l'estimait pour ses vertus bourgeoises, celui-ci dans son régiment qui l'aimait pour ses vertus guerrières, leur double récompense. La France éperdue se tournait vers le duc d'Orléans en s'écriant : « Sauvez-nous, nous périssons! » pendant que M. le duc de Chartres, arborant tout d'un coup les couleurs nationales, entraînait son régiment à la suite du drapeau tricolore. Ils arrivèrent ainsi au pas de charge dans Paris, au moment où le peuple allait crier : Vive le roi! ce cri sauveur.

O douleur! A douze ans, jour pour jour, ce hardi jeune homme qui apportait le premier, dans le Paris de 1830, le drapeau aux trois couleurs, ce jeune colonel tout bouillant de courage, tout couvert de poussière, hardi, intrépide, heureux de la victoire générale, jour pour jour, à pareille heure, douze ans!... à l'instant même où les fêtes de juillet vont commencer, son père lui vient dire un dernier adieu, dans les caveaux de l'église de Dreux!

Nous n'écrivons pas l'histoire du prince royal, ce n'est pas là une histoire qu'on puisse écrire, et lui-même, s'il se voyait la pâture des historiens, il se plaindrait du fond de son tombeau. « Ah! dirait-il, pour que l'on écrive mon histoire, je n'ai pas assez vécu! » Non, pas d'histoire, pas d'apprêts, pas de longues périodes, à propos de ce jeune homme emporté si brusquement par la mort. A-t-on écrit, dites-moi, la vie du duc de Bourgogne, le digne élève de Fénelon? Non, le duc de Bourgogne est mort, l'espoir de la France, emportant avec lui les doctrines du *Télémaque;* il est mort, laissant un fils mineur et toutes choses en question dans le royaume de France; la France l'a pleuré longtemps ; elle a redit ses vertus, son courage, son éducation généreuse, sa tendresse conjugale, son amour pour ses deux enfants; elle a dit sa mort funeste, inattendue, terrible. Mais personne n'a écrit la vie du duc de Bourgogne. Un prince qui passe si vite va se placer au plus triste chapitre de l'histoire; ce chapitre écrit, l'histoire continue sa marche, comme fait l'espèce humaine : on ne fait pas l'histoire des rois qui n'ont pas vécu.

Cependant, mort à trente-deux ans, le prince royal laissera sa trace; il s'est conduit comme un vaillant homme et comme un galant homme, il a donné à ses enfants un exemple qui sera suivi, l'exemple des plus nettes et des plus sérieuses vertus. La révolution de la Belgique, la monarchie de Léopold, se souviendront du duc d'Orléans, et de sa belle conduite sous les murs d'Anvers, quand il s'en vint, tout bouillant d'ardeur et de jeunesse, apprendre le métier des armes sous le meilleur des maîtres, le maréchal Gérard. La ville de Lyon, que dévoraient l'incendie et la guerre civile, se rappellera toujours le noble jeune homme qui la sauva par sa prudence, par sa pitié, par ses vives et profondes sympathies. Interrogez l'Hôtel-Dieu de Paris, ce lieu rempli de misères et de souffrances, l'Hôtel-Dieu vous dira comment aux jours affreux du choléra, quand toute la ville se tordait sous ce mal abominable, quand tout fuyait devant cette peste, excepté le médecin et la sœur de Charité, comment l'Hôtel-Dieu reçut trois visites qui sont inscrites dans le ciel : l'archevêque de Paris, M. Casimir Périer, le prince royal. Hélas! les voilà morts tous les trois, et plus d'un malade, visité par eux à l'heure de l'agonie, vit encore pour célébrer leur courage, leur bienfaisance, leur charité.

Plus tard, nous retrouverons M. le duc d'Orléans dans notre province d'Alger. Quoi qu'il arrive, son nom restera désormais attaché à l'histoire de cette province, longue et difficile conquête, à l'histoire de cette armée qui sera la noble pépinière des généraux de la France à venir. Mais il n'est pas temps encore de vous raconter ces batailles dont M. le duc d'Orléans a été l'historien, et dans lesquelles il n'a rien oublié, excepté lui-même. Éloignons un instant ces images funèbres; loin de nous la mort et l'anéantissement de tant de jeunesse! Il ne sera pas dit que notre prince sera mort ainsi sans avoir connu de la vie que ses travaux, que ses combats, ses inquiétudes, ses misères, un trône à défendre, un père exposé à toutes les balles des assassins, une sœur ensevelie dans l'éclat du talent et de la jeunesse, des frères qui attendent de leur frère aîné leur exemple, — toutes les inquiétudes du présent, toutes les inquiétudes de l'avenir, et enfin cet horrible et abominable accident qui l'a laissé tout brisé à la porte de la maison paternelle, sans un baiser de son père, de sa mère, de ses frères, de ses enfants, de tous ceux qui l'aimaient et qu'il aimait.

Oui, certes, le ciel est juste. Il ne veut pas que toute une vie innocente se passe ainsi uniquement dans les travaux et dans les dangers de toutes sortes. Chacun de nous a dans ce monde son heure de soleil, son beau rêve d'amour et de printemps, son heure fortunée et choisie entre toutes. Un pareil jeune homme n'est pas mort sans avoir eu ses beaux jours de gloire et d'amour, de bonheur et de poésie. Laissez-nous donc vous raconter maintenant les fêtes dont nous vous parlions tout à l'heure ; laissez-nous vous dire ce mariage entouré de tant de bénédictions et de tant de louanges; et si par hasard vous trouviez que nous entrons un peu trop avant dans le récit de ce mariage et de ces fêtes brillantes, rappelez-vous que nous allons tout droit à cette histoire de mort, de funérailles et de tombeaux. Par grâce et par pitié, avant que d'arriver aux caveaux de l'église de Dreux, laissez-nous prendre le chemin qui nous convient le mieux.

Dans son voyage en Allemagne, M. le duc d'Orléans avait vu la princesse Hélène de Mecklembourg, noble descendante de cette maison qui a reçu le sang de vingt maisons régnantes. Cette famille de Mecklembourg-Schwerin, a donné un roi à la Suède, Albert, en concurrence avec la célèbre Marguerite, *la Sémiramis du Nord.*

Elle a reçu par alliance onze filles ou sœurs de rois, elle a donné sept reines ou régentes à la Russie, à l'Angleterre, au Danemark, à la Pologne et à la Prusse, et enfin une duchesse d'Orléans à la France.

Voici ce qu'on disait de cette illustre maison, à laquelle la famille royale de France allait s'unir. On ajoutait, et ceci n'était pas d'un intérêt moins national, que si le blason des Mecklembourg était antique et royal, la princesse Hélène était jeune et belle, et tout à fait digne de cette haute fortune, par les dons de son esprit et par les qualités de son cœur. On la disait à l'avance pleine de grâces, d'esprit, de talent, et toute française, comme par un glorieux pressentiment de sa royauté à venir. Vingt-trois ans, une taille élevée et bien prise, comme il convient à une reine ; une chevelure d'un blond cendré, héréditaire dans une ancienne famille d'Allemagne ; une éducation si parfaite qu'on la pourrait prendre pour une des nobles filles de la maison d'Orléans.

Elle demeurait à Ludwigslust (Ludwigsburg) auprès de sa belle-mère Auguste-Frédérique, fille du landgrave de Hesse-Hombourg, et troisième femme de Frédéric-Louis, père de la princesse Hélène. Elle avait cultivé avec la patience intelligente d'une Allemande la musique, la peinture, tous les beaux-arts. Elle parlait avec une élégante facilité l'allemand, le français, l'anglais et l'italien. Elle avait lu tous les grands philosophes de l'Allemagne et de la France, et elle savait par cœur tous les grands poëtes ; ainsi elle était digne doublement d'entrer dans cette famille royale si remplie de vertus bourgeoises. Voilà ce qu'on disait à l'avance de la jeune princesse, et maintenant que toute la France a appris à la connaître, voilà ce que personne ne peut plus démentir.

Le mariage de M. le duc d'Orléans avec la princesse Hélène fut notifié aux deux chambres le 18 avril, par M. le comte Molé, ministre de l'intérieur ; les deux chambres apprennent avec joie cette heureuse nouvelle ; elles viennent par l'organe de leurs présidents pour complimenter le roi et le prince royal.

« Sire, vos fidèles sujets, les pairs de France, se félicitent d'une alliance qui permette de voir se perpétuer les hautes vertus dont vous êtes entouré.....

» Sire, la chambre des députés a reçu avec joie l'annonce du mariage de l'héritier présomptif de la couronne. Jeune, brave et libéral, le prince royal a vu s'accomplir la révolution de juillet. Il a connu sa force irrésistible, approuvé sa modération, pénétré son véritable esprit. Il aura appris de Votre Majesté, Sire, comment un roi, ami de son pays, sait se placer à la tête des intérêts nationaux, respecter les lois, protéger l'ordre public, même au péril de sa vie, et conserver, au milieu du déchaînement des partis, le sang-froid, la bonté, la clémence, qui, à la longue, doivent rallier tous les cœurs et subjuguer tous les esprits.

« Monseigneur (au duc d'Orléans), l'épouse dont votre cœur a fait choix sera la bienvenue parmi nous; la duchesse d'Orléans sera Française, elle comprendra notre siècle et notre nation.

» Pour vous, Monseigneur, déjà bon fils et bon frère, vous serez aussi bon époux et bon père, vous continuerez ces vertus de famille dont le Palais-Royal offrait à la nation l'entraînant modèle; vous donnerez à vos fils une éducation forte, une éducation nationale, comme celle que vous avez reçue; et quand viendra votre tour de régner, vous leur montrerez, par votre exemple, tout ce qu'un roi constitutionnel a d'autorité réelle et de vrai bonheur à la tête d'un peuple dont il sait protéger les intérêts et respecter les justes droits. »

A ces paroles de M. Dupin, prononcées non pas sans une émotion bien sentie, M. le duc d'Orléans a répondu d'une voix émue, mais avec ce noble accent qui allait au cœur :

« Je vous remercie, monsieur le président. Vous com-
» prendrez l'émotion que j'éprouve en répondant au dis-
» cours que vous m'adressez au nom de la chambre des
» députés. La sympathie que la chambre me témoigne
» dans l'occasion la plus importante de ma vie augmente
» la ferme résolution que j'ai de remplir tous mes devoirs

» et de me rendre digne de mon père, de la France, et
» de la princesse que je suis si heureux d'épouser. »

Les pairs de France et les députés de la France répondaient aux discours du roi et du prince royal par les vœux les plus énergiques ; les uns et les autres, et avec eux toute la France, comprenaient en effet que le mariage de S. A. R. le duc d'Orléans était plus qu'un fait privé, que c'était bien plutôt un événement politique. Devant cette union si nécessaire devaient s'arrêter les fureurs des partis. C'en était fait à jamais de tant de prophéties sinistres, de tant d'espérances furibondes, de tant de menaces impitoyables. La dynastie allait se consolider à la fois, pour le présent et dans l'avenir. Où étaient-ils ces prophètes de malheurs ? Où était l'émeute ? Et maintenant quel assassin osera rien tenter contre cette double dynastie ? Voici donc une illustre alliance qui a reçu les adhésions de toute l'Europe, à l'instant même où l'on disait le plus que le mariage de M. le duc d'Orléans ne s'accomplirait pas encore. Ainsi la révolution de juillet portait ses fruits salutaires. Ainsi nous étions récompensés de six années de courage et de patience. Ainsi la France, riche et prospère, calme et puissante, plus forte que les factions, maîtresse de déployer sur tous les points les admirables facultés et les ressources infinies dont le ciel l'a dotée avec une prédilection si manifeste, pour avoir été modérée, recueillait la paix et la puissance. Ainsi le roi des Français, entouré de l'estime de l'Europe, n'avait qu'un vœu à former pour obtenir l'alliance d'un des rois les plus éclairés, les plus sages et les plus respectés qui aient gouverné la Prusse ; ainsi le duc d'Orléans, fils de roi, condisciple de tous les eunes gens de son âge, voyait s'associer à son bonheur et l'entourer de ses vœux bien sincères toute cette jeune génération dont il est l'exemple et l'orgueil. L'annonce de ce mariage fut une joie générale, non seulement en France, mais en Europe. C'est que la paix est aujourd'hui le premier besoin de tous les peuples, épuisés par de si longues guerres ; c'est que sur tous les points du globe le commerce et l'industrie la réclament ; c'est qu'elle n'est pas moins nécessaire à la civilisation qu'à la liberté.

Alors commencèrent tous les préliminaires de cet illustre mariage, et, comme tout le monde voulait ce mariage, la France d'abord, l'Europe ensuite, la chose se fit vite et bien, comme on va voir :

Le 18 mai, M. le duc de Broglie, ce gentilhomme d'un nom doublement illustre, fils à la fois du maréchal de Broglie et de madame de Staël, qui réunit dans sa famille tant de victoires et tant de chefs-d'œuvre, est envoyé par le roi au-devant de la princesse Hélène de Mecklembourg, en qualité d'ambassadeur extraordinaire. Le noble duc est accompagné de MM. le comte Foy, d'Haussonville, Doudan, et de Rohan-Chabot.

M. le duc de Choiseul est également envoyé pour recevoir la princesse à Forbach, le 24 mai.

Afin d'arriver en France par le plus beau chemin, la jeune princesse devait passer par Postdam, où le roi de Prusse allait attendre la fiancée du duc d'Orléans. Ainsi cet illustre monarque mettait le comble à cet accueil royal et paternel qu'il fit au duc d'Orléans, quand le prince royal et son frère le duc de Nemours firent en Prusse ce beau voyage dont ils rapportèrent tant de reconnaissance et tant de souvenirs. Le Mecklembourg est une principauté si voisine de la Prusse, que la Prusse se réjouissait de cette alliance comme d'une alliance nationale. Déjà au-delà du Rhin, comme dans la France entière, le mariage du duc d'Orléans excitait les plus vives sympathies.

Après avoir dit adieu aux bons habitants de Ludwigslust, qui la pleurent comme le plus digne objet de leur reconnaissance, de leur amour et de leurs respects, après avoir jeté un dernier regard sur cette douce patrie, où le peuple allemand chantait tristement le chant des adieux, la jeune princesse s'avance vers sa nouvelle patrie au milieu des vœux les plus tendres des princes et des peuples qui se réjouissent de nous la confier. Partout, sur son passage, elle recueille les témoignages de l'estime sincère qu'inspire à l'Europe l'auguste famille dont elle vient combler l'espoir. Partout, en la voyant, on applaudit avec joie à la conclusion d'une alliance qui n'est pas seulement un bonheur privé, mais un nouvel élément de sécurité pour la France et un gage de paix pour l'Europe.

La princesse Hélène de Mecklembourg fut reçue à Postdam le 16 du mois de mai. On lui rendit tous les honneurs dus à une princesse royale. Le roi et toute la famille de Prusse s'empressèrent de l'accueillir. A son arrivée au château, les princes la reçurent au bas de l'escalier, le grand cordon sur l'habit, le roi et les princesses en haut. Le prince royal mena la princesse vers son père. Le roi prit le bras de la princesse, l'embrassa et la conduisit dans ses appartements. Il était midi.

A une heure, on se mit à table, la princesse à droite

du roi, madame la grande-duchesse de Mecklembourg à gauche. Il serait impossible de peindre l'effusion simple et franche qui animait ce repas. Le roi, le prince royal, le prince Guillaume son frère, les princesses, tous les membres de cette noble famille s'empressaient de montrer par les témoignages les plus délicats et les plus vrais leur affection pour la jeune princesse, et le contentement sincère qu'ils éprouvent de la voir unie à la France.

Après le déjeuner, la princesse Hélène tint sa cour; toutes les personnes présentes, grands-officiers, ministres, ambassadeurs, généraux, dames d'honneur, aides-de-camp, lui ont été présentés. Elle accueillit tout le monde avec une aisance, une aménité charmantes. On admirait les grâces de sa personne et de son esprit. Elle gagna tous les cœurs par son affabilité, comme elle charma tout le monde par le bon goût et l'à-propos de ses reparties.

La sortie du Mecklembourg fut un véritable triomphe et un adieu des plus touchants. Toutes les populations des environs accouraient sur le passage de la princesse. Depuis Ludwigslust jusqu'à la frontière de Prusse, dans l'espace de quatre lieues, elle se vit arrêtée par les vœux et par les larmes d'une foule qui la bénissait. On chantait ses louanges, on semait la route de fleurs, et les voitures n'allaient qu'au pas.

Pendant que l'Allemagne nous envoyait ainsi chargée d'hommages et de respects cette jeune princesse que la France attendait avec tant d'impatience pour l'adopter et pour la chérir, la chambre des députés, la chambre des pairs et le roi se préparaient à la recevoir dignement.

Voici d'abord la loi qui passait à l'unanimité à la chambre des députés et à la chambre des pairs :

« Art. 1er. La dotation annuelle sur les fonds du tré-
» sor, attribuée à S. A. R. le duc d'Orléans, prince
» royal, par l'art. 20 de la loi du 2 mars 1832, est por-
» tée à deux millions à dater de son mariage.

» Art. 2. Il sera de plus payé à S. A. R. une somme
» d'un million pour dépenses du mariage et frais d'éta-
» blissement.

» Art. 3. Il sera pourvu au paiement de ces sommes au
» moyen des ressources réservées par la loi du 13 juil-
» let 1836 pour les besoins de l'exercice 1837.

» Art. 4. En cas d'extinction de la dotation ci-dessus,
» par suite du décès du prince royal avant son avénement
» à la couronne, il sera payé sur les fonds du trésor, à la
» princesse sa veuve, une somme de 300,000 fr. »

De son côté, le roi avec une impatience sans égale et sans permettre à ses ministres de se séparer avant d'avoir accompli cette grande entreprise, pour laquelle il les trouva pleins de conviction et de dévouement, le roi signait l'amnistie, amnistie pleine et entière pour tous les délits, pour tous les crimes politiques, amnistie, même pour le dernier misérable qui, quelques mois plus tôt, avait levé sur le roi une main parricide. Déjà toutes les prisons sont ouvertes, tous les prisonniers sont libres, les exilés sont rendus à la patrie ; toutes les fautes sont pardonnées, tous les maux sont oubliés ; le roi se mêle à son peuple comme aux jours de 1830 ; le peuple et lui ils se reconnaissent avec transport, avec amour. En même temps la vieille église de Saint-Germain-l'Auxerrois, plongée si longtemps dans un si triste abandon, amnistiée elle-même de la colère populaire, sort de ses ruines, et la croix y rentre triomphante. Et savez-vous un plus beau mot que celui-là à prononcer : *l'amnistie!* Et savez-vous une loi plus excellente : *l'amnistie!* Et savez-vous pour ce prince qui va présenter à Paris la jeune princesse qu'il a épousée, un plus royal cadeau de nous que celui-là : *l'amnistie?*

Le premier soin du prince royal, après sa nouvelle dotation, fut de la partager avec les ouvriers malheureux et les pauvres enfants des principales villes de la France. L'histoire conservera cette lettre simple et touchante du prince royal au préfet du Rhône.

« Tuileries, 3 mai 1837.

« Les souffrances de la population ouvrière de Lyon
» s'étant prolongées, je désire, Monsieur, concourir de
» nouveau à leur adoucissement de la manière qui serait
» la plus utile pour eux, et je vous envoie soixante mille
» francs destinés à procurer du travail à ceux qui souf-
» frent le plus en ce moment. Je désire, en outre, à
» l'occasion de mon prochain mariage, donner des livrets
» de caisse d'épargne, avec première mise, à des enfants
» d'ouvriers, notamment à ceux qui se distinguent dans
» les écoles qu'ils fréquentent. C'est à vos soins que je
» désire confier la répartition des commandes et la dis-
» tribution des livrets. Je vous renouvelle avec plaisir,
» Monsieur, l'assurance de mes sentiments pour vous.

» Votre affectionné,
» Ferdinand-Philippe d'Orléans. »

Le 24 mai, M. le duc de Broglie et sa suite, partis la veille de Strasbourg, se mirent en route pour Fulde, où la princesse Hélène arriva à midi, accompagnée de S. A. la grande-duchesse douairière héréditaire de Mecklembourg. Le comte de Ranzau avait la conduite d'honneur des deux princesses.

M. le duc de Broglie demanda et obtint audience. Il eut l'honneur de présenter à la future duchesse d'Orléans non seulement le personnel de son ambassade, mais MM. les envoyés accrédités en Allemagne, qui s'étaient joints à lui dans le voyage pour offrir à la princesse leurs respectueuses félicitations ; c'étaient LL. EE. M. de Cabré, ministre de France à Cassel ; M. le baron Alleye de Ciprey, envoyé extraordinaire et ministre plénipotentiaire de France près la Confédération germanique, en résidence à Francfort ; M. le comte de Larochefoucauld, chargé d'affaires de France à la cour grand-ducale de Darmstadt ; enfin M. Engelhard, commissaire français près de la commission de la navigation du Rhin à Mayence.

Après les premiers instants d'une émotion bien naturelle dans une circonstance si importante de sa vie, la jeune princesse répondit au duc de Broglie avec beaucoup de présence d'esprit et de grâce ; elle entretint l'une après l'autre toutes les personnes présentes, et déjà elle parlait de la France comme une Française.

Quelqu'un lui parlait de la beauté des environs de Paris, et lui disait que peut-être S. A. R. ne regretterait pas trop à Fontainebleau les magnifiques ombrages de Ludwigslust : « Oh ! répondit la princesse, je veux tout

» aimer et tout admirer en France. » — « Je suis bien
» émue, avait-elle dit à une autre personne, quand je
» pense à ma nouvelle destinée, et pour me rassurer j'ai
» besoin de compter sur la bonté de la famille royale et
» sur l'amour des Français. »

Le royal cortége se remit en route pour Hanau, où la princesse était attendue par le landgrave de Hesse. M. le duc de Broglie se logea avec les envoyés français et le personnel de son ambassade au château de Wilhelmsbade, à une lieue de Hanau.

Le 25 mai au matin, la princesse, poursuivant sa route, a trouvé à Wilhelmsbade M. le duc de Broglie et sa suite, qui sont venus à pied au-devant d'elle lui rendre leurs devoirs. M. de Cabre et M. le baron Alleye de Ciprey ont eu l'honneur de prendre congé de S. A. R. pour rentrer l'un dans la Hesse électorale, et l'autre à Francfort. Le cortége alors s'est remis en route, la princesse voyageant la première, et l'ambassade la suivant à peu de distance.

Arrivée sur le milieu de la route, entre Hanau et Francfort, la voiture de la princesse s'est soudain arrêtée en face des hauteurs de Berghem, qui couronnent l'horizon sur la droite. Elle a mandé le valet de chambre du duc de Broglie; l'ambassadeur attendait pour savoir ce que désirait S. A. R. « Monsieur le duc, lui dit son valet de
» chambre, madame la princesse vous prie de porter votre
» attention sur les hauteurs de Berghem, qui se trouvent
» là à droite. Ce lieu est digne de votre intérêt; votre

» grand-père, le maréchal de Broglie, y a remporté une
» victoire mémorable (1). »

Il est impossible de rendre ici l'émotion de M. de Broglie et celle de tous les Français qui l'accompagnaient.

Cette marche triomphale au milieu des regrets, des bénédictions et des hommages ne devait plus s'arrêter qu'au palais des Tuileries, en passant par Fontainebleau et par l'Arc-de-Triomphe de l'Étoile. Francfort accueillit la princesse par des acclamations empressées ; à Sarrebruck (24 mai) les troupes prussiennes avaient pris les armes. Le lendemain, jour solennel, la princesse mit le pied sur cette terre de France, désormais sa patrie bienveillante et dévouée. Il était onze heures du matin ; un arc de triomphe avait été dressé sur la route, sur cet arc de triomphe était écrit : *France*. Des tentes aux couleurs variées ornaient un perron pittoresque ; toutes les populations voisines, dans leurs plus beaux habits de fête, étaient accourues sur le passage de la princesse ; les gardes nationales de Forbach et de Sarreguemines, la cavalerie et l'artillerie formaient une haie d'airain et d'acier ; de jeunes filles vêtues de blanc attendaient la royale fiancée au-devant de sa tente, pour lui présenter des compliments et des fleurs. Partout un air de fête et d'allégresse. M. le duc de Choiseul, M. le général Gourgaud, M. le baron Sers, préfet de la Moselle, furent introduits les premiers auprès de S. A. R.

(1) En 1759, le maréchal de Broglie s'étant retranché dans Berghem avec vingt-deux mille hommes, le prince Ferdinand attaque le maréchal avec quarante mille hommes ; il est repoussé, prend la fuite et perd l'espérance de rentrer dans le royaume.

« Madame, lui dit le préfet, la France s'est émue de joie en apprenant que vous veniez unir vos destinées à celles de M. le duc d'Orléans, et faire partie de cette royale famille dont les vertus privées vous réservent tant d'heureux jours.

» L'union que vous contractez est pour ce royaume le premier beau jour d'une ère nouvelle. Elle retentira dans l'avenir des siècles, pour avoir cimenté l'union de l'Allemagne avec la France, et consacré par un grand exemple les sages principes de la tolérance religieuse, si heureusement établie par notre glorieuse révolution.

» Les regrets de votre illustre famille et ceux de ce bon pays d'Allemagne vous accompagnent à cette frontière. Franchissez-la avec confiance, Madame; vous entendrez encore au-delà les louanges du souverain dont vous venez de traverser les états. L'affection des sujets qu'il gouverne avec tant de sagesse a de l'écho dans le département de la Moselle.

» Ici vous verrez les visages s'épanouir à votre approche. Les espérances dont vous êtes l'objet font palpiter tous les cœurs. Déjà chacun sait que vous êtes bonne comme notre reine, belle comme ses filles, et que vous méritez le bonheur qui vous attend près d'un époux dont le France est fière, Madame, parce qu'il lui promet un roi digne de l'auguste fondateur de la dynastie que vous devez perpétuer. »

Les autres autorités ont ensuite été présentées à la princesse, et plus de cent maires du département, décorés de leurs écharpes tricolores, ont passé devant elle.

Au déjeuner, auquel ont été invités les principaux

fonctionnaires du département et les commandants de la garde nationale, assistaient M. le duc de Saxe-Weimar et plusieurs officiers et magistrats prussiens qui avaient accompagné LL. AA. RR.

Les gardes nationales et les troupes ont défilé ensuite, aux cris répétés de : *Vive le Roi! vive la princesse Hélène!*

Une jeune fille, mademoiselle Clément, la fille du juge de paix de Sarreguemines, parlait à la princesse de *sa nouvelle patrie.* S. A. R. l'a interrompue en versant des larmes. « Je l'adopte, dit-elle, *avec reconnaissance, avec amour!* »

Au moment du départ, quand le grand-duc de Saxe-Weimar fit ses adieux à sa nièce, il l'embrassa deux fois avec effusion. « Adieu, ma nièce, dit le grand-duc; vous voilà Française! vous serez digne de votre nouvelle patrie. »

La course de Forbach à Metz se fit rapidement, car les villages étaient presque déserts, et tout le monde avait couru à la frontière.

En arrivant à Metz, la foule était immense; le maire a complimenté la princesse sous un bel arc-de-triomphe. S. A. R. a parcouru en calèche découverte la foule immense qui l'accueillait avec le plus éloquent enthousiasme; les gardes nationales et les troupes de la garnison se renvoyaient les unes aux autres leurs acclamations prolongées; les enfants sortaient de l'école pour voir la jeune princesse, quelques-uns lui ont offert, dessiné par eux, le portrait de son fiancé; les jeunes filles de la ville lui ont présenté, dans une riche corbeille, le tribut de mirabelles, que la ville de Metz est dans l'usage d'offrir aux personnes royales ; les autorités et les dames de la ville, le dîner, qui était de cinquante couverts, le feu d'artifice, où brillait l'anagramme déjà national : P. H., tout cet empressement unanime, ont à peine permis à la princesse de rentrer chez elle à dix heures. « Madame, lui disait le préfet de la Moselle, j'ai pris la liberté d'écrire à Paris que vous étiez contente de la réception qu'on vous a faite. — Dites que j'en suis heureuse, répondit son altesse, que j'en suis profondément touchée et reconnaissante. »

Le 26 mai, la princesse Hélène de Mecklembourg avait quitté la ville de Metz à midi et demi, au milieu des témoignages les plus éclatants d'affection et de respect : trois heures plus tard la princesse entrait dans le département de la Marne. Mais déjà toute la France était à elle !

Cependant, le roi aux Tuileries partageait l'impatience générale ; ce qu'on rapportait de toutes parts des grâces, de l'esprit, de l'émotion si naturelle, du bonheur de cette jeune princesse, augmentait encore l'impatience que le roi avait de la voir. Maintenant qu'il avait signé l'amnistie, maintenant que toutes les prisons étaient vides, rien ne le retenait plus à Paris ; il partit donc pour le palais de Fontainebleau, qu'il a relevé de ses ruines, comme il a restauré le palais de Versailles, comme il a relevé toutes les ruines de la France. Le roi quitta Paris le samedi 27 mai : il arriva à Fontainebleau vers huit heures du soir.

La reine, madame la princesse Adélaïde, les princesses Marie et Clémentine, le duc de Nemours, le prince de Joinville, le duc d'Aumale et le duc de Montpensier étaient dans la voiture de S. M. (Le duc d'Orléans était parti pour Châlons-sur-Marne où il devait faire une visite à madame la grande-duchesse douairière de Mecklembourg et à la princesse Hélène, qui arrivaient à Châlons le même soir. De Châlons, le prince royal devait se mettre en route pour Fontainebleau.)

Sur toute la route parcourue par S. M., et particulièrement à Essonne, la foule était considérable, la garde nationale sous les armes : partout le roi fut salué de mille acclamations. A Essonne, les ouvriers avaient quitté spontanément leurs ateliers, et se pressaient autour de la voiture de LL. MM., aux cris de : *Vive le roi ! Vive la famille royale !*

A Fontainebleau, où le roi avait désiré qu'aucune réception officielle ne lui fût faite, les autorités attendaient S. M. au château; mais toute la population de la ville s'était portée sur son passage, et elle fit escorte au roi jusqu'à son entrée dans la cour d'honneur. Jamais accueil plus empressé, plus cordial, n'avait signalé le dévouement des habitants de Fontainebleau à l'auguste famille que la révolution de juillet a placée sur le trône ; pendant tout le trajet des portes de la ville au château, LL. MM. ne cessèrent d'exprimer par des paroles, par des gestes et par la joie qui se peignait dans leur physionomie, à quel point elles étaient touchées de ces démonstrations de respect, de gratitude et d'amour.

A dix heures du soir, arrivait en toute hâte M. le comte d'Hossonville, qui fut immédiatement reçu par le roi. M. le comte d'Hossonville était envoyé par M. le duc de Broglie, pour apporter au roi des nouvelles de la princesse Hélène, et tout ce qu'il racontait de l'esprit remarquable et des grâces charmantes de S. A. R. ne faisait qu'augmenter l'impatience des hôtes augustes du château. Le lendemain, à deux heures, le roi, accompagné de M. le duc de Nemours, de M. le prince de Joinville, de M. le duc d'Aumale, de ses aides-de-camp, sortit à cheval, pour aller passer en revue les troupes de la garnison. S. M. traversa la ville au milieu d'une foule considérable, qui la suivit jusque sur le terrain de la revue, en faisant retentir l'air et la forêt des plus vives acclamations. Le roi passa successivement devant le front du bataillon de la garde nationale, rangée sur la route, dans la plus belle tenue, devant les deux bataillons du 6e léger, la batterie du 2e d'artillerie, et le régiment des hussards, commandés par le colonel Brack. Ensuite ces différents corps défilèrent devant S. M. dans un ordre remarquable, et aux cris mille fois répétés de : *Vive le roi!* Le temps était magnifique, toute la population était dehors.

S. M. la reine, madame la princesse Adélaïde, les princesses, M. le duc de Montpensier, assistaient à la revue en calèche.

Le roi dîna à six heures ; la table était de cent cinquante couverts. La maison de LL. MM., celle des princes et des princesses s'y trouvaient au grand complet. On y remarquait aussi les personnes récemment choisies pour composer la maison de madame la duchesse d'Orléans, le duc de Coigny, mesdames d'Hautpoul, de Chanaleihes, de Montesquiou, le général Flahaut, le duc de Trévise. Plusieurs dames avaient accompagné leurs maris, mesdames la comtesse de Flahaut, la comtesse de Laborde, la comtesse Durosnel, la duchesse de Trévise, la duchesse de Coigny, la baronne de Berthois, la baronne Delort, la comtesse de Colbert, la baronne de Marbot, la marquise de Praslin. MM. de Fesenzac, du Roure, d'Hautpoul avaient été également invités, ainsi que mesdemoiselles de Lobau, Delaborde, de Chanterac, de Flahaut, de Sainte-Aldegonde.

Au banquet du roi se trouvaient aussi les officiers supérieurs de la garde nationale, ceux de la troupe de ligne, infanterie, cavalerie et artillerie, parmi lesquels on remarquait le jeune et célèbre Youssouf-Bey, arrivé de la veille à Fontainebleau, et que S. M. avait fait convier à sa table pour ce jour-là.

Youssouf-Bey fut reçu avec une bienveillance infinie par leurs majestés; M. le duc de Nemours voulut bien se rappeler qu'il avait logé chez lui à Bone, et l'a entretenu longtemps avec obligeance. Pendant tout le reste de la soirée, Youssouf ne cessa pas d'être l'objet d'une attention toute spéciale. Il était vêtu de son costume africain, qu'il porte avec une grâce remarquable : pantalon large et flottant, justaucorps brodé de soie avec un léger galon d'or, turban de cachemire, poignard à la ceinture, la croix d'officier de la Légion-d'Honneur sur la poitrine. Youssouf est d'une petite taille, mais d'une tournure agréable et d'une figure singulièrement belle et expressive. Il parle le français avec esprit et facilité. Sa physionomie est un mélange de finesse, de douceur et de décision.

Après le dîner, le roi, la famille royale et leurs invités se rendirent dans la galerie de Henri II, pour y assister à l'essai d'un nouveau système d'éclairage de cette salle magnifique. L'essai réussit parfaitement : les lustres sont désormais disposés de telle façon, que la lumière semble jaillir des fenêtres comme pendant le jour; en sorte qu'aucune des parties de cet admirable ensemble n'est enlevée aux regards du spectateur, à quelque point de vue qu'il soit placé. L'œil embrasse, sans rencontrer d'obstacle, toute la suite de cette curieuse et brillante restauration du chef-d'œuvre de Primatice; la lumière étincelle sur ces riches peintures auxquelles il semble qu'elle communique le mouvement, la chaleur et la vie; et sur ce vaste plafond de chêne incrusté d'argent, ces lambris d'un dessin si grandiose, si pur et si simple, cette cheminée aux proportions colossales, cette tribune si finement sculptée, ces chiffres, ces emblèmes, ces reliefs élégants et déliés, ces lignes brillantes qui s'égarent en mille méandres capricieux, qui s'étendent en mille rayons d'or et d'argent ruisselant sous l'éclat des flambeaux, toutes ces merveilles de la renaissance semblent créées une seconde fois; leur effet magique est doublé.

Cette galerie de Henri II est admirable. Quatre cents personnes y pourraient tenir à l'aise, et le mérite de la prodigieuse étendue, comme la première vue de Saint-Pierre de Rome, ne vous frappe que par la justesse admirable et l'accord merveilleux des proportions. Mais approchez, ces pilastres sont énormes, ces bénitiers sont portés par des anges qui paraissent des enfants et qui sont des géants, cette croix est d'une hauteur immense, ces voûtes sont dans le ciel; toute cette grandeur vous écrase et vous subjugue!

Le roi, qui est habitué à donner aux arts et aux artistes toutes les sérieuses pensées que la politique laisse à ses loisirs, paraissait jouir avec émotion de ce beau spectacle, et il accueillait avec une satisfaction visible des félicitations méritées. Youssouf-Bey était ébloui; car l'Afrique ne l'a guère accoutumé à ces prodiges de nos arts et de notre industrie. « Eh bien! commandant, lui a » dit S. M., que dites-vous de Fontainebleau? — Admi- » rable! sire, a répondu le musulman. Seulement je re- » grette de n'avoir pas amené avec moi quelques-uns de mes » compagnons d'Afrique. Quand j'y retournerai et que » j'essaierai de raconter, à moi tout seul, tout ce que je » vois ici, personne ne me croira. » Youssouf-Bey ajoutait que les Arabes n'accordent aucune foi au récit des jeunes gens, et que le seul moyen de leur inspirer confiance, c'est d'être vieux. « Faites donc venir des vieillards en » France, disait-il, qu'ils voient et qu'ils jugent par eux- » mêmes; puis renvoyez-les, et ils rapporteront dans » l'Algérie une estime de votre puissance, de votre gran- » deur, des merveilles de votre civilisation, qui contri- » buera plus à la pacification de la régence que vos expé- » ditions meurtrières. » Telle est, pour le dire en passant, l'opinion de Youssouf-Bey sur la question d'Afrique, *qui ne s'attendait guère* à être si sérieusement traitée à Fontainebleau, au milieu d'une fête. Du reste, Youssouf donne des conseils pour la paix avec un désintéressement parfait; car évidemment il n'aime que la guerre : la guerre est son métier, sa ressource et sa passion!

Il était neuf heures quand le roi quitta la galerie de Henri II. Ensuite il y eut réunion chez la reine. A dix heures et demie, LL. MM. rentrèrent dans leurs appartements.

M. le duc d'Orléans arrive dans la nuit.

Ainsi donc, tel avait été l'itinéraire de LL. AA. RR. madame la princesse Hélène de Mecklembourg et madame la grande-duchesse héréditaire, douairière de Mecklembourg :

Le mercredi 24 mai, les princesses avaient couché à Saarbruck (Prusse).

Le jeudi 25, LL. AA. RR. avaient passé la frontière et avaient couché à Metz.

Le vendredi 26, LL. AA. RR. avaient couché à Verdun, après avoir passé par Manheulle.

Le samedi 27, LL. AA. RR. avaient couché à Châlons-sur-Marne.

Le dimanche 28, elles devaient se rendre de Châlons à Épernay, s'arrêter à Épernay pour déjeuner, et d'Épernay se rendre à La Ferté-sous-Jouarre, en passant par Château-Thierry.

Le lundi 29, LL. AA. RR. étaient attendues à Melun, où les princes les devaient aller prendre dans les voitures du roi pour les conduire à Fontainebleau.

La princesse marchait lentement, et partout sur son passage se pressaient les populations avides de la voir. A chaque pas c'étaient de nouveaux hommages, c'étaient de tendres vœux qui l'arrêtaient en chemin, c'étaient des fleurs qu'on jetait dans sa voiture. Le 27 mai, à trois heures, le cortége franchissait les limites du département de la Meuse ; à trois heures et demie la princesse faisait son entrée à Sainte-Menehould : toutes les maisons étaient pavoisées, les rues étaient jonchées de verdure. A quelque distance des plaines de Valmy, la princesse voulut visiter ce champ de bataille, qui fut le point de départ de tant de victoires ; la princesse entra à Châlons dans une calèche découverte, et l'on eût dit un triomphe. Il était huit heures et demie du soir.

Dès trois heures, toute la garde nationale de Châlons, les bataillons ruraux de Saint-Germain-la-Ville, Saint-Memmie et Juvigny, des députations des autres gardes nationales, les maires de l'arrondissement, la garnison de la ville de Châlons, ayant à sa tête M. le maréchal-de-camp Fantin des Odoards, commandant le département, étaient allés à sa rencontre. Un bel arc-de-triomphe et une tente destinée au conseil municipal, avaient été dressés à quelque distance de la porte de la ville. Une foule immense encombrait la route ; la population tout entière s'y était portée.

M. Sellier, faisant les fonctions de maire de la ville de Châlons, adressa à LL. AA. RR. le discours suivant :

« Mesdames, je viens, à la tête du conseil municipal, vous présenter les félicitations et les devoirs de la ville de Châlons. »

S'adressant à S. A. R. la princesse Hélène :

« Madame,

» V. A. R. va s'asseoir sur les marches d'un trône affermi par l'affection des Français. Appelée à y monter un jour, que de vœux vous entourent, que d'espérances reposent sur votre tête!

» Déjà précédée de généreux actes de clémence, vous nous apparaissez comme un ange bienfaisant; vous apportez le bonheur dans une famille qui fait le nôtre; et, comme elle, vous serez chère à la patrie qui vous adopte. »

S'adressant à S. A. R. la princesse douairière de Mecklembourg-Schwerin :

« Et vous, madame, qui avez vu, sous votre influence maternelle, se développer tant de grâces et de vertus, votre nom, mêlé désormais à ceux que nous chérissons, partagera avec eux les hommages, les respects et l'amour de la France entière. »

Ce discours ayant été accueilli avec la plus aimable bonté, les princesses firent, au bruit des salves de l'artillerie châlonnaise, leur entrée dans la ville, précédées de toute la garde nationale, des élèves de l'école royale d'Arts et Métiers, de ceux du collége, et escortées par un bel escadron de la garde nationale à cheval de Châlons, à laquelle s'étaient réunies celles de Vitry-le-Français et de Pogny. Le corps municipal marchait immédiatement avant la voiture de LL. AA. RR. Pendant quelque temps le cortége fut obligé de suspendre sa marche, tant était grande la foule qui se pressait autour de LL. AA.

A leur arrivée au bel hôtel de la Préfecture, les princesses virent, de leurs appartements, la magnifique illumination du jardin de l'hôtel et des promenades publiques. Peu de temps après, quinze demoiselles offrirent à la princesse Hélène, au nom de la ville, une corbeille d'un goût exquis.

La princesse reçut ensuite toutes les autorités, et leur adressa à toutes des paroles de bonté. Le tour du conseil municipal étant venu, M. le maire exprima à la princesse combien les représentants de la ville de Châlons étaient heureux d'être admis une seconde fois à lui adresser leurs félicitations :

« Je suis heureuse moi-même, a répondu la princesse,
» de vous voir pour la seconde fois, et de pouvoir vous
» remercier de nouveau de tout ce que vous m'avez dit
» d'aimable et d'obligeant à mon entrée dans la ville. J'ai
» été bien sensible à l'accueil que m'ont fait les habitants
» de Châlons ; je vous prie d'être bien persuadé que je ne
» l'oublierai jamais. »

Le 28, à neuf heures et demie, M. le duc d'Orléans arrivait à Châlons. Le prince royal avait couché chez le maître de poste de Jâlons, à trois lieues de la ville. Il fit une visite d'une heure aux deux princesses. Quand il sortit de cette entrevue, la figure du prince était rayonnante ; il reconduisit sa jeune fiancée jusqu'à sa voiture, puis remontant dans la sienne, il revint en toute hâte à Fontainebleau, non sans avoir été reconnu par les gardes nationales et salué des plus vives acclamations.

A Épernay, le même empressement et le même enthousiasme. Dès le matin, la garde nationale des environs, toutes les populations de plusieurs lieues aux alentours étaient accourues dans la ville, impatientes de contempler la nouvelle duchesse d'Orléans.

Au moment de son entrée, malgré l'immense largeur du faubourg par lequel elle arrivait, toutes les mesures d'ordre, toutes les précautions prises pour assurer son libre passage devinrent inutiles, et ce fut au milieu d'une foule immense, compacte, sans gardes, sans escorte, au bruit d'acclamations aussi unanimes qu'affectueuses, qu'elle arriva seule et séparée de toutes les personnes de sa suite.

Des fleurs lui furent offertes ; toutes les autorités lui furent présentées, et sur son invitation, les principaux fonctionnaires et habitants eurent l'honneur de déjeuner à sa table. Il est impossible de se rendre le charme de sa personne, les grâces de ses manières, l'inexprimable douceur de ses regards et de sa voix ; à tous et pour tous elle sut trouver de ces mots qui vont jusqu'au cœur et qui révèlent la bonté et la noblesse de son âme.

« J'ai toujours éprouvé de la sympathie pour la France, » disait-elle ; mais depuis la révolution de juillet, cette » sympathie est devenue de l'enthousiasme, et depuis lors » il m'a semblé que j'étais née pour devenir Française. » A d'autres elle exprimait de la manière la plus touchante combien l'entrevue si courte et si inattendue qu'elle avait eu le matin avec le duc d'Orléans, à Châlons, l'avait rendue heureuse. On lui parlait de la famille royale, des nobles qualités du prince ; elle répondait avec une grâce enchanteresse : « Je suis bien heureuse ! »

La princesse resta trois heures dans la ville, et à son départ, après avoir exprimé les sentiments de la plus extrême bienveillance, elle voulut traverser la ville dans une calèche découverte qu'on lui avait fait préparer. Le propriétaire de la calèche réclama l'honneur de conduire lui-même la princesse.

Monseigneur le duc d'Orléans avait traversé Château-Thierry le samedi, et n'avait pas échappé aux *vivat*. Déjà la ville était toute prête à recevoir la princesse. Le dimanche, la garde nationale, réunie à onze heures du matin sur le Champ-de-Mars, alla en partie au-devant des bataillons de Fère en Tardenois et de Couicy, que leur zèle avait mis en marche dès le commencement de la matinée. Ces gardes nationales furent conduites à l'extrémité du faubourg de Marne, à l'endroit où le relai devait avoir lieu, et stationnèrent en ce lieu jusqu'à huit heures du soir, moment du passage de la princesse, sans que personne parût avoir perdu de son zèle. A sept heures et demie, deux coups de canon annoncèrent que la princesse se trouvait au village de Chierry. A ce signal, les dix ou douze mille personnes qui se trouvaient dans la ville, affluèrent à l'extrémité du faubourg. A huit heures environ, la princesse entendit le discours qui lui fut adressé, passa sous l'arc de triomphe orné de couronnes, de cœurs et de guirlandes, et qui portait d'un côté les initiales *H. F.* Cette entrée dans la ville, faite au pas, musique en tête, au milieu de ces gardes nationales si pleines d'enthousiasme de chaque côté de la voiture, ressemblait à un véritable triomphe. A la poste, un bouquet fut offert par le fils de M. Souliac et la jeune enfant de M. de Sapincourt. Un baiser récompensa cette offrande faite par de si jeunes mains. Des cris de *vive la princesse Hélène! vive le duc d'Orléans!* ne cessèrent de se faire entendre.

Ici s'arrêtent ces notes écrites à la hâte, à l'instant même où passait la princesse ; à présent qu'elle arrive aux portes du château de Fontainebleau, les faits grandissent encore, et veulent être racontés avec un soin plus minutieux encore.

FONTAINEBLEAU.

I.

A force d'entendre parler de cette jeune princesse, qui soulevait tant d'enthousiasme sur son passage, l'envie me prit d'aller la recevoir dans la foule de Fontainebleau, et d'être un des premiers à crier *Vivat*! sur son passage. Cependant j'étais encore bien irrésolu, et ce voyage me paraissait plein de difficultés, à moi, pauvre et embarrassé voyageur, lorsque je fus tout-à-fait décidé à partir par tout ce qu'on disait déjà de ses grâces naturelles, de son esprit, de sa bonté. Certes, ce n'est pas un spectacle vulgaire, celui-là : une jeune princesse, une étrangère qui gagne tous les cœurs sur son passage ! Il y en a qui vont au-devant d'une armée triomphante ; mais quel triomphe fut plus glorieux et plus unanime que le triomphe de cette jeune princesse parmi nos populations empressées? Non, il ne sera pas dit qu'un historien aura manqué à ce voyage. Allons donc au-devant de cette jeune fille, qui sait si bien notre histoire, et qui doit y tenir une si grande place quelque jour.

Mais, me disait-on, qu'allez-vous faire? La ville est remplie d'étrangers, le château est entouré de soldats, la forêt est un camp, les palais amoncelés dans Fontainebleau, et qui ne font qu'un seul palais, ne sont pas assez vastes pour abriter tous les conviés à cette fête royale. Qui êtes-vous, d'ailleurs? Quel est votre uniforme? Quel est votre titre? — Hélas! monsieur, vous avez raison, je ne suis rien; en fait d'uniforme, je ne possède qu'un habit noir, qui a déjà six mois de date, et cependant je pars pour Fontainebleau.

La route était si belle! Le soleil nous jetait franchement ses premiers rayons du printemps, les arbres verdissaient d'heure en heure; on voyait se relever, comme par enchantement, la moisson prochaine, qui la veille encore jonchait tristement la terre; les joyeux postillons, le chapeau couvert de rubans, poussaient leurs chevaux dans un transparent tourbillon de poussière : c'était vraiment de la joie, vraiment de la poussière, vraiment du soleil. Un horrible temps pour les spéculateurs, qui pensaient déjà à aller chercher du blé à Odessa.

Nous marchions comme des princes; on disait, nous voyant aller si vite : A coup sûr, voilà un député qui passe! A coup sûr, c'est un ministre! A coup sûr, c'est un pair de France! C'est une puissance, à coup sûr! Ce n'était que nous qui passions.

La ville de Fontainebleau était triomphante. Le mouvement était partout, la fête partout. La princesse était attendue à quatre heures; il était midi quand nous fîmes notre entrée dans la ville. A notre grande joie, il nous fut assez facile de trouver un lit et une chambre. A deux heures, nous étions dans notre plus grande toilette; maintenant la princesse pouvait venir.

Que les jardins de Fontainebleau sont magnifiques! De vieux arbres, de vieilles charmilles, des eaux abondantes et transparentes, un aspect naturel de majesté et de grandeur, un bel étang, et au milieu de cet étang un pavillon bâti par l'empereur! Dans l'été, l'empereur y tenait son conseil; et sous ces eaux limpides, ces carpes blanchies par le temps, qui n'étaient déjà plus jeunes au seizième siècle de notre histoire, témoins muets et tranquilles de tant de révolutions qui ont glissé sur ces ondes sans y laisser une trace de leur passage; enfin, non loin du bord, une flottille de vaisseaux de ligne, grands comme des barques de pêcheurs, et, pour conduire cette flottille, des marins de l'Océan, et au besoin, pour commander ces marins, un jeune homme qui sera grand amiral de France quelque jour. Que disait-on, qu'on n'entrait pas dans le château? Toutes les portes sont ouvertes; vous pouvez fouler le gazon de tous les parterres, les cygnes du bassin vous saluent en battant de l'aile. Couchez-vous sur l'herbe, répétez les vers de Virgile à l'ombre des hêtres, dormez si vous voulez dormir, vous êtes le maître de ces beaux lieux.

Je dormais encore, ou plutôt j'étais plongé dans cet admirable rêve, tout éveillé, que vous inspirent les premières brises du printemps, et je sentais voler dans les brillants espaces de l'air les châteaux, les jardins, les cours, les balcons de marbre, les murailles de briques, et moi enfin, quand tout à coup les trompettes sonnent, les tambours battent aux champs, la fanfare éclate par toutes ses voix de cuivre. Allons! voici que j'aurai dormi trop longtemps, et que je ne verrai pas la princesse aujourd'hui!

Je traverse en toute hâte les jardins, les parterres, les grandes portes. A l'une de ces portes, un gardien très-poli me dit : « On n'entre pas, c'est la consigne! » Mais cependant il ajoute : « Vous n'arriveriez peut-être pas à temps en faisant le tour du château, donnez-vous donc la peine d'entrer, monsieur. » J'arrive! Toute la garnison était sous les armes. Un beau régiment d'infanterie occupait un côté de la cour; de l'autre côté était placé le plus fringant, le plus brillant, le plus jeune, le plus élégant régiment de hussards qui ait jamais existé depuis qu'il y a des régiments de hussards. Celui-là est le régiment modèle; il est habillé de la plus fine écarlate; sur cette écarlate, une main prodigue a jeté à profusion l'argent, la broderie et les plus vives couleurs.

Figurez-vous le hussard : un beau jeune homme de vingt ans, six pieds, la barbe naissante, les dents blanches, la taille de guêpe, la jambe fine, l'air modeste, la tête haute et cette tête ombragée de belles plumes! Le ceinturon d'argent, le sabre d'acier reluisant au soleil, le cheval gris et fringant, le dolman bleu de ciel; les plus belles couleurs, les plus riches parures, le plus galant équipage, tout ce que la coquetterie guerrière peut inventer de plus recherché : voilà le hussard. Ils étaient comme cela tout un régiment, et ce régiment était commandé à haute voix par un colonel digne de lui, un colonel modèle, comme son régiment, le colonel Brack, c'est tout dire. Mais, hélas! c'était le dernier jour du colonel Brack, c'était sa dernière fête militaire; il allait dire adieu à ce régiment qu'il a élevé, dressé, paré, comme un seul homme; on disait qu'il était passé général.

Tout ce bruit que j'avais entendu *sub tegmine fagi*, ce n'était qu'une fausse alerte. Les trompettes des hussards voulaient se tenir en haleine, et elles retentissaient comme autant de trompettes de la vallée de Josaphat; les tambours des carabiniers répondaient aux trompettes, et à tout ce bruit guerrier se mêlait le bruit des canons roulant dans cette vaste cour, traînés par leurs quatre chevaux. Autant le cheval du hussard est leste, fringant, sautillant, heureux de vivre et de piaffer, autant le cheval de l'artillerie est grave, posé, sévère. Il marche fièrement comme un cheval qui traîne la *dernière raison des rois*. Sur le caisson, deux artilleurs sont assis comme sur un char de triomphe. Le canon brille fièrement à travers tout ce bois et tout ce fer; bronze aussi intelligent que le soldat qui le gouverne, il est tantôt joyeux, tantôt terrible; il annonce aussi bien la fête que la bataille; il est le bruit des grandes joies et le bruit des grandes douleurs; quand il passe, les petits enfants battent des mains; les hautes citadelles tremblent quand il passe. Ainsi donc, ils étaient rangés en bataille dans cette cour, au pied de cet escalier de Fontainebleau, dans ces lieux célèbres où fut dénoué le plus grand drame de l'univers.

Oh! l'histoire! c'est la plus grande tâche des hommes et la plus difficile. Ni les vers du poëte, ni les chefs-d'œuvre du peintre et du sculpteur, ni les merveilles de l'architecture, ne valent une page de l'histoire. Entassez dans la plus haute des pyramides Dante sur Raphaël, Raphaël sur Michel-Ange, un homme viendra, un historien, et en quelques lignes il aura plus fait que Dante, Raphaël et Michel-Ange : il aura écrit une page d'histoire! Aussi les lieux témoins de ces grandes scènes, où la face du monde a été changée, sont-ils empreints d'une indicible et imposante majesté.

Il y a de cela vingt-trois ans à peine, — déjà deux siècles! Dans cette même cour du palais de Fontainebleau, qui retentit du bruit des fanfares de cette jeune armée, se tenait immobile, muette, isolée, cachant ses larmes, la vieille garde de la grande armée. Cette vieille garde, dont le nom seul renversait les capitales, s'était battue sur tous les champs de bataille de l'univers. Ils étaient à Arcole, à Aboukir, à Marengo; ils étaient les soldats d'Austerlitz, d'Iéna, de Friedland, de Madrid, de Wagram, de Moscou; et maintenant, après avoir traversé tant de gloire et tant de périls, ils se retrouvaient vaincus et décimés, dans cette même cour, qui était leur dernier royaume, leur dernier champ de bataille; et encore il faudra le quitter demain, ce coin de terre désolé. Dans ce palais, dont toutes les portes, dont toutes les fenêtres sont ouvertes aujourd'hui, attendant une duchesse d'Orléans, se cachait, dans sa douleur et dans ses angoisses, l'empereur Napoléon. En vain il avait tenu tête à l'Europe coalisée, le génie avait cédé à la fortune; l'aigle impériale, blessée à mort dans les cieux de Moscou, avait eu à peine assez de force pour venir expirer ici même, sous le ciel de Fontainebleau. A la fin, l'heure était venue où l'empereur lui-même devait déposer cette épée, qui avait tant pesé dans la balance du monde. Son sacrifice était accompli comme sa gloire. Alors s'ouvrit la porte du palais, et on vit descendre un homme seul, le regard fier, la démarche hardie, triste, mais non pas abattu; il était enveloppé dans la redingote grise, il portait à la main le chapeau du petit caporal; un seul mois de ces misères l'avait vieilli plus que n'eussent fait dix batailles. Ses vieux soldats, le retrouvant si grand dans l'infortune, se sentaient émus jusqu'au fond des entrailles, et ils ne comprenaient pas, les pauvres héros! comment et pourquoi ils se séparaient ainsi eux et l'empereur, eux qui étaient toujours la grande armée, lui qui était toujours l'empereur! Ils baissaient la tête en versant des larmes mal contenues : une voix bien connue les vint tirer de leur stupeur:

« Soldats, leur disait-il, je vous fais mes adieux. Depuis vingt ans que nous sommes ensemble, je suis content de vous; je vous ai toujours trouvés au chemin de l'honneur! » Après quoi il embrassa les aigles, et il descendit d'un pas ferme et tranquille ce même escalier de Fontainebleau, aujourd'hui chargé de fleurs.

Ainsi se séparèrent, à cette place, l'empereur et la grande armée, pour aller mourir çà et là, les uns et les autres, dans la même tristesse, dans la même gloire, dans le même abandon.

Pendant que je me livrais ainsi à tous les souvenirs qui m'assiégeaient en foule, un nuage passa sous le soleil, un léger nuage de printemps; quelques gouttes d'une pluie chaude de printemps tombèrent sur ces beaux uniformes, qui n'en parurent que plus brillants. Cependant mon pauvre habit noir ne pouvait guère résister à la pluie, même la plus légère, et déjà je cherchais des yeux un abri, quand soudain, de toutes parts, je vis accourir à moi de beaux messieurs tout brodés en or et en argent, en belles palmes, en épée. « Viens par ici ! me disait l'un. — Je vais te conduire à une bonne place ! disait l'autre. — Si tu avais seulement une petite broderie au collet de ton habit, ajoutait un troisième, tu viendrais avec nous sur le balcon du roi. » Moi, tout étonné de voir de beaux messieurs me parler ainsi, je les regarde, je les admire, et, ma foi ! je les reconnais tous ; ce sont mes amis ! Et parmi eux, avec une belle croix de commandeur de la Légion-d'Honneur, et bien méritée, mais toujours bon et serviable, M. le baron Taylor, qui revient d'Espagne, tout chargé de chefs-d'œuvre. « Allons donc, puisque vous le voulez, messeigneurs ! » Et je les suis ; et me voilà à la plus belle place, à l'abri, dans un petit cabinet à deux fenêtres. Une de ces fenêtres donnait sur le balcon du roi, l'autre fenêtre sur la cour du château. Ainsi devant moi je devais avoir le cortége de la princesse, pendant qu'à ma gauche je pourrais suivre tout à l'aise les mouvements de cette cour, si on peut appeler de ce nom gothique, une cour ! la réunion spontanée des bourgeois les plus influents de notre pays.

Quatre heures allaient sonner, l'attente était générale, l'impatience était à son comble. L'exactitude étant la politesse des rois, on en tirait la conséquence qu'elle était aussi la politesse des princesses; mais le moyen d'être exacte pour cette jeune femme, retenue à chaque pas de cette marche triomphale par les populations avides de la voir! Pendant que nous attendions, nous aussi, comme des rois ou comme de simples pairs de France, un de mes amis brodés me demanda si j'avais vu le trousseau de la princesse? « Non, lui dis-je, je ne connais du trousseau que les merveilleux éventails de Roqueplan. »

« Moi, dit mon ami, je suis plus avancé que toi; j'ai tout vu, et fort à l'aise, car j'étais seul dans les beaux appartements du prince royal, et, si le roi n'était pas venu me déranger, je crois que j'y serais encore à tout admirer. »

Or, cet ami qui me parlait ainsi, bien qu'un peu plus brodé que moi, est, à tout prendre, un homme aussi peu considérable que je le suis moi-même. Comment était-il entré dans l'intérieur de ce palais, qu'on me faisait si formidable? Il allait me le dire, et j'écoutais son récit, tout en restant attentif aux moindres bruits venus d'en bas.

« Oui, dit-il, tu connais bien ce vaste palais? Une fois entré là-dedans, on se perd: c'est le plus merveilleux dédale qui ait jamais étonné l'imagination humaine. Ce ne sont que vastes galeries, salles immenses, amphithéâtres, escaliers de géants, mystérieux couloirs, douces retraites cachées dans le mur, balcons de marbre et de bronze; tous les temps, tous les lieux, tous les arts, tous les monarques sont représentés dans ces murs. Le seizième siècle y a jeté tous ses caprices et toute sa poésie ; Louis XIII et Henri IV y ont laissé leur empreinte italienne et française à la fois ; Louis XIV y porta sa royale grandeur ; l'empereur y reçut cette impératrice qui l'alliait aux rois, en le séparant du peuple ; chacun des pouvoirs qui ont passé dans ces murailles y a ajouté quelque chose, celui-ci un palais, celui-là une église, le troisième un théâtre, ou tout au moins une galerie, cet autre enfin eut à peine le temps d'y laisser son nom et son chiffre, après quoi il a été emporté par la tempête, et son nom a été effacé par le badigeonneur.

» Dans le palais de Fontainebleau, tous les souvenirs se mêlent et se confondent. Non loin de l'appartement du pape, sur l'emplacement de la galerie des Cerfs où fut assassiné Monuldeschi, dans un coin retiré, où elle fuyait même la clarté du ciel, madame de Maintenon s'était creusé une retraite, qu'on peut voir complétement meublée et restaurée. Il y a du sang dans ces murs ; il y a de l'amour, il y a de la poésie, il y a surtout des mariages. En 1609, César, duc de Vendôme, le fils de Henri IV et de la belle Gabrielle, épousa, dans la chapelle haute, Françoise de Lorraine, duchesse de Mercœur ; Louis XII, à peine marié, vint passer la lune de miel à Fontainebleau, et neuf mois après le jeune dauphin y vint au monde. En 1670, la nièce du roi, Marie-Louise d'Orléans, épousa le roi d'Espagne Charles II, représenté par procureur. Louis XV y reçut la main de Marie Leczinska, la digne fille du roi Stanislas. A Fontainebleau, Louis XVIII vint recevoir la duchesse de Berri ; à Fontainebleau, Jérôme Napoléon épousa la fille du roi de Wurtemberg. Que de fêtes magnifi-

ques! que de brillants carrousels! que de vœux et que
d'espérances ! Tu chercherais en vain dans tout ce palais
un petit coin qui n'ait pas abrité une tête couronnée ou
découronnée, un lit qui ne soit pas un lit nuptial ou un
lit de mort. Dans l'appartement du roi, il y a un méchant
guéridon en acajou, qui vaut bien 15 francs, acheté à
crédit chez un marchand de meubles d'occasion; on n'approche de ce guéridon qu'avec respect : sur cette table
fut signée l'abdication de l'empereur. Elle conserve encore le violent coup de canif que l'ex-maître du monde y
laissa, comme fait le lion mourant avec sa griffe défaillante. Cette table est placée tout auprès d'une croisée dont
les ferrures brillantes ont été forgées par le roi Louis XVI.
Cette chambre même, qui ressemble à un herbier, tant les
murs sont chargés de toutes les plantes de la *Flore française*, fut habitée par Catherine de Médicis. A côté de
cette chambre, Napoléon a fait construire une galerie en
l'honneur de Marie-Louise. Ainsi sont confondus tant de
souvenirs divers, tant de grandeurs et tant de misères.
Dans cet admirable pêle-mêle de toutes sortes de royautés
et de toutes sortes de grandeurs, le moyen de ne pas rester
confondu? Et penses-tu à mon admiration, quand je me
suis vu libre d'entrer partout, et de tout voir par mes
yeux, et de tout toucher de mes mains, comme si j'avais
été un des maîtres du palais? Parle-moi d'une royauté
ainsi faite qu'on peut entrer chez elle à toute heure de la
nuit et du jour! Voilà pourtant un des fruits de l'amnistie:
c'est que même les amis du roi n'ont plus peur, et
qu'ils le laissent libre d'aller où il lui plaît. On dit que
le roi profite de cette liberté avec le bonheur d'un écolier

en vacances. Il va, il vient, il sort, il entre, il admire ces portes toutes grandes ouvertes ; il n'a jamais vu rien de si beau. Naguère encore, quand la terreur était dans toutes les ames, excepté dans son ame, il trouvait toujours à ses côtés, autour de lui et malgré lui, un gardien qui le suivait des yeux ; il avait beau renvoyer cet homme, on ne lui obéissait pas : il marchait ainsi environné d'une surveillance qui l'obsédait. L'amnistie l'a délivré de cette contrainte, il a été le premier dont les fers sont tombés ; ses amis lui ont promis de ne plus trembler pour lui, et c'est ainsi que tout bienfait porte sa récompense. Mais, pour en revenir à mon histoire, j'étais donc dans ce palais de Fontainebleau aussi libre que le roi.

» Figure-toi mon éblouissement, quand, après avoir traversé les vastes appartements du duc d'Orléans, dont la tenture sévère rappelle cependant toute l'élégance du temps de Louis XIII, je me trouvai dans les deux salles où est exposé le trousseau de la jeune duchesse ! Sur une estrade est placée la corbeille : cette corbeille est un coffre en écaille et en bronze doré, d'un travail merveilleux ; les incrustations sont en argent ; le seizième siècle ne désavouerait pas ce chef-d'œuvre ; l'estrade est ornée de draperies, de dentelles, de fleurs et de ces mille gazes flottantes si chères aux jeunes femmes, et qu'un poëte a appelées de *l'air tissu*. Le linge est amoncelé d'un seul côté : c'est une montagne de broderies et de dentelles ; sur les porte-manteaux sont placées des robes sans nombre ; les écharpes d'Alger, les chapeaux aux plumes flottantes. Les douze cachemires n'occupent pas une place médiocre dans cette exposition conjugale : en voici un vert-émir, à palmes brodées d'or, pour lequel se damneraient toutes les femmes d'Europe; c'est la reine d'Angleterre qui l'envoie. Juge, s'il te plaît, de cette main et de ce pied par les gants et par les souliers que voici, gants et souliers d'un enfant de quinze ans; ils ont été faits sur la main et sur le pied de la princesse. Le velours, le satin, les rubans, tous les infinis détails d'une passion royale, ne manquent guère; mais il faudrait être une femme, une femme jeune et belle, une femme sans passion, une femme de Paris, pour tout comprendre et pour tout voir.

» Ai-je parlé de la robe de mariage en dentelles? et des mouchoirs de poche tout brodés et garnis d'une valencienne haute comme la main, et des turbans de l'Afrique? et du manchon de plume d'aigrette? et des voiles où brillent, surmontés de la couronne, les chiffres entrelacés des deux époux, F. P. H. O.; Ferdinand-Philippe, Hélène, d'Orléans?

» Non! c'est à peine si je puis te parler du nécessaire en vermeil, des vases d'or, de la toilette, de l'écritoire gothique, du porte-bouquet dans le style de la renaissance. Au reste, tu le sais, on peut se fier, pour toutes ces recherches, au goût éclairé du duc d'Orléans : c'est un habile et ingénieux antiquaire; il comprend à merveille l'élégance des vieux siècles; il sait combien un vieux meuble gothique est bienséant à la jeunesse et à la beauté, et pour peu que la duchesse sa femme aime les bois sculptés, les dorures, les vieilles tapisseries, tout le luxe massif d'autrefois, elle n'aura rien à désirer.

» Il y avait aussi un véritable amas de perles, rubis, diamants, pierreries de toutes sortes; une parure en brillants, une parure en brillants et en rubis, les brillants et rubis d'une nuance si parfaite qu'il était difficile de les distinguer les uns des autres ; une parure en perles fines, six bagues, sans compter l'anneau du mariage, tout à côté de la médaille d'or.

» Mais dans cet amas admirable de richesses de toutes sortes, ce que j'ai admiré le plus, et ce que tu as admiré autant que moi, sans doute, ce ne sont ni les diamants, ni les perles, ni les cachemires, ni les dentelles, ni les broderies, ni les fleurs, ce sont trois éventails, dont l'idée seule est une idée royale, sans parler de l'exécution, qui est digne de l'idée.

» Tu as vu au salon dernier un charmant tableau de Roqueplan, *Cosme de Médicis se promenant dans la campagne de Florence*, et tu as admiré cet éclatant paysage, ce beau ciel, ces eaux limpides, cette poétique et transparente nature. Roqueplan est, à coup sûr, un merveilleux artiste, parfaitement habile à reproduire tout ce qui est jeunesse, fleur ou soleil, joie et printemps, amour et bonheur. Il n'est jamais plus à l'aise que lorsqu'il est resserré dans un tout petit espace, et alors il étend à l'infini cette toile exiguë, et il en fait tout ce que vous voudrez : un lac immense, une prairie sans fin, une forêt d'orangers et de roses. Le duc d'Orléans, qui sait très-bien que l'art n'est déplacé nulle part, que, bien au contraire, c'est là un des priviléges de l'art de relever toutes choses et de charger les meubles les plus futiles de ses inventions infinies, avait pensé, depuis long-temps, à demander à Roqueplan les éventails de la jeune duchesse; mais le succès du dernier tableau l'intimidait. Il n'osait pas prier le pinceau qui avait fait ce chef-d'œuvre de peindre un éventail. Mais enfin il se rappela que Benvenuto Cellini ciselait les bagues de la duchesse d'Étampes, que Raphaël dessinait des reliures de livres, que Michel-Ange a peint des assiettes, que Bernard de Palissy ne dédaignait pas d'être un potier de terre glaise, que Petitot faisait des portraits pour des tabatières, et Wattau des paysages pour la manufacture de porcelaine de Sèvres; en conséquence, il demanda, à tout hasard, à Roqueplan, un ou deux éventails pour la corbeille nuptiale. Roqueplan, qui a bien de l'esprit, quoiqu'il ait un grand talent, consentit à tout ce que voulait le prince. Il ne fit pas un éventail, il en fit trois, dont voici le sujet : *le Mariage de la Vierge*; c'est un délicieux petit tableau sur un fond d'or et dans le genre bizantin; *les Amours peintres* (l'amour fait le portrait de la princesse); c'est une fraîche et riante esquisse digne de Wattau; *la Promenade au parc*; c'est un charmant paysage. Le parc est tout chargé de beaux arbres, le château se dessine dans le lointain, une haute terrasse, un grand vase, des balustrades, de longues allées, où se joue le soleil sur les feuilles tremblantes et resplendissantes comme des miroirs; sur le devant, une belle dame avenante et galante donne le bras à un raffiné d'honneur et salue d'un signe de tête un élégant cavalier qui passe; des plumes, des velours, de l'acier, de la soie, voilà l'affaire !

» A ces trois petits chefs-d'œuvre, il faut joindre deux éventails de M. Clément Boulanger, *les Noces de Cana*, et *le Repos de chasse*. *Les Noces de Cana* ne valent pas le tableau de Jean Stein, cette admirable orgie hollandaise, dans laquelle se rue toute cette foule de manants et de belles dames, enchantés et surpris de voir l'eau changée en vin ; mais, évidemment, le dessein de M. Boulanger a été inspiré par le souvenir de cette belle peinture. Dans *le Repos de chasse*, des bohémiens, des bouffons et des nains égayent de leur mieux un jeune prince et sa femme, qui font halte dans la forêt. La monture de ces éventails est digne de tout le reste : l'or et l'ivoire, et les plus fines sculptures, encadrent à merveille tous ces frais paysages, toutes ces scènes riantes. Honneur au jeune homme qui comprend ainsi les beaux-arts, et qui s'en sert comme s'en servait le roi François Ier ! »

Ainsi me parla mon jeune ami dans tout l'enthousiasme de son cœur. Il était d'autant plus digne de foi en ceci, que c'est un esprit naturellement sceptique et railleur, qui comprend la véritable grandeur comme tous les bons esprits, mais qui voit d'un coup d'œil tout ce que la grandeur a souvent de faux et de misérable. « Et, lui dis-je, comment s'est terminée ta singulière inspection ? On m'a dit que la reine avait présidé elle-même, et avec une sollicitude toute maternelle, à tous ces riches détails, et qu'elle n'avait voulu permettre à personne, pas même au roi, de venir la troubler dans cette fête qu'elle préparait à sa belle-fille.—Celui qui t'a dit cela, me répondit mon ami, était bien informé. En effet, il y avait à peine deux ou trois heures que j'étais là à tout admirer, quand j'entendis frapper légèrement à la porte opposée. Un autre que moi aurait répondu : « Entrez ! » mais je me retirai, sans rien dire, par où j'étais venu, et je fis bien. En effet, c'était le roi qui venait voir, lui aussi en cachette, toutes ces mer-

veilles, et je crois bien qu'il n'avait pas la permission de
la reine plus que moi. »

Ce récit finissait à peine que soudain un cri : *Aux armes !* se fait entendre ; des cris de *vive le roi !* s'élèvent
de toutes parts. On s'empresse, on se pousse, on regarde :
c'étaient le duc d'Orléans et le duc de Nemours qui venaient eux-mêmes annoncer au roi leur père l'arrivée de
la princesse Hélène. Le duc d'Orléans était parti le matin
même pour aller présenter à sa fiancée, à Melun, sa maison
civile et militaire, les dames de la princesse et ses chevaliers d'honneur ; mesdames de Lobau, de Chanaleihes,
de Montesquiou, d'Hautpoul ; MM. de Flahaut, de Coigny, de Trévise, de Praslin ; le général Baudrand, le
général Marbot, le colonel Gérard, le duc d'Elchingen,
de Montguyon, Bertin de Vaux, Chabaud-Latour, Asseline, le secrétaire du prince, de Boismilon, son précepteur
et son plus vieil ami, comme il le dit à la princesse.
« Aimez-les, madame, lui dit le prince, ce sont mes amis ;
ils ne m'ont pas quitté depuis sept ans, et ils ont partagé
constamment ma bonne et ma mauvaise fortune. » Cette
troupe brillante accourait en toute hâte ; il était facile,
même aux regards les moins exercés, de lire sur tous ces
jeunes visages qu'ils revenaient heureux et fiers de leur
nouvelle conquête. La figure du duc d'Orléans respirait
surtout la joie la plus vive. Il avait vu sa jeune femme, et
il revenait content d'elle et plein d'une noble assurance.
Ils entrèrent ainsi chez le roi au milieu des félicitations
générales et des acclamations de la foule. Rien qu'à voir
le jeune prince si heureux, la foule, avec ce merveilleux

4*

instinct qui ne la trompe jamais, avait deviné la jeune et belle personne qui allait venir.

Il était six heures quand le prince arriva au palais. De quart d'heure en quart d'heure accouraient, de toute la vitesse de leurs chevaux, des messagers apportant des nouvelles. La princesse arrrivait, mais elle marchait lentement. Elle était arrêtée par les discours, par les vers, par les fleurs, par les gardes nationaux, par les jeunes filles vêtues de blanc, par toutes les populations qui se pressaient sur son passage. Elle avait pour tous un regard, un salut, un sourire, une parole; elle parlait la plus belle langue française, la langue du Versailles de Louis XIV; elle voulait arriver, et cependant elle ne voulait pas hâter sa marche, tant elle avait peur de manquer de reconnaissance pour tous ces braves gens qui accouraient sur son passage. A chaque instant arrivait un nouveau courrier. Ce courrier était d'un effet très-pittoresque. L'un d'eux surtout, jeune et vigoureux gaillard, le fouet en main, arrive sur son cheval jusqu'au bas du perron; il monte l'escalier en agitant les rubans de son chapeau; en même temps, par l'escalier opposé, montait d'un pas humble et calme le chapelain du château; le chapelain portait son parapluie sous son bras; sa démarche calme et simple, sa soutane noire, sa douce figure, faisaient un admirable contraste avec l'habit brodé, les cheveux poudrés, l'air animé, le pas bruyant du jeune messager. Un peintre qui était là saisit à merveille le contraste des deux personnages. — C'est admirable! disait-il; quel tableau! Ici des briques, là des pierres de taille, des canons et des hussards; un prêtre en soutane, un postillon vêtu de peau et de velours;

sur la galerie, tous les uniformes de la France, des croix, des plaques, des cordons rouges, des broderies de toutes couleurs, des vieillards chargés d'ans et de gloire, des jeunes gens pleins d'avenir, des enfants jeunes et vifs comme le salpêtre, et de belles jeunes filles si réservées et si modestes, qu'on se demande avec respect si ce sont bien là, en effet, les filles d'un roi? Quel tableau! Il ne manque qu'une chose, ajoutait le peintre en souriant, une chose que regrettent comme moi tous les peintres contemporains : le cordon bleu.

Là-dessus s'établit, à propos du cordon bleu, envisagé sous le rapport de l'art, une dissertation pleine de goût; on disait que le cordon bleu reposait merveilleusement le regard, qu'il tranchait de la plus heureuse façon du monde sur la plupart des uniformes, qu'il jetait dans un tableau une clarté favorable, qu'il était très-utile au peintre pour rappeler la couleur du ciel, et mille autres raisons excellentes qui n'avaient rien de politique et qui n'en étaient pas moins d'excellentes raisons.

Il y avait là aussi un voyageur, comme Sterne, de ces heureux qui vont au pas et qui se retranchent sagement dans un horizon borné, dont ils sont les rois et les poëtes. Justement celui-là arrivait du Mecklembourg, et il nous en parlait comme d'un heureux pays, un peuple laborieux et riche, et, au milieu d'une immense pleine, Ludwigslutz, comme un beau lac d'une eau limpide et transparente au milieu du désert. C'est une jolie ville allemande, toute plongée dans une douce paix allemande. On y arrive par une longue avenue d'arbustes, entre une longue suite de maisons riantes entourées de jardins. Fontainebleau est à coup sûr un palais admirable, messieurs, mais le palais de Ludwigslutz est bâti dans le plus élégant style de la renaissance ; ces eaux sont belles, mais le palais de Ludwigslutz est rafraîchi par une immense nappe d'eau qui retombe en guirlandes jaillissantes ; voilà de beaux arbres, mais les arbres du petit château allemand sont vieux aussi et d'une ombre séculaire ; je crois bien que cette jeune femme que vous croyez étonner de vos merveilles, même dans le parc de Fontainebleau, pensera, malgré elle, aux vieux tilleuls du parc de Ludwigslutz.

On allait entamer encore une histoire, quand enfin (sept heures sonnaient à l'horloge du château, et le soleil couchant jetait sur toute cette scène attendrissante son rayon le plus calme et le plus doux) accoururent en éclaireurs quelques cavaliers de l'escorte. La princesse arrive enfin ! elle est aux portes de Fontainebleau ; elle traverse au pas ces rues garnies de drapeaux tricolores ; une immense acclamation s'élève dans la ville ; le château lui répond par les mêmes *vivat!* Les tambours, les trompettes, les clairons, les chevaux, les hommes, tout s'ébranle à la fois ; en même temps, le vaste escalier, garni d'orangers, se couvre de brillants uniformes ; toute la France, dans ses plus grandes illustrations, était représentée sur ses marches de pierre : ambassadeurs, maréchaux de France, ministres, pairs de France, députés, magistrats, ils étaient tous représentés à cette fête nationale. Là aussi c'était une confusion admirable et pleine d'intérêt : M. de Talleyrand non loin de M. de Werther ; M. le duc de Dalmatie auprès du comte Gérard ; M. Jacques Laffitte et M. Guizot ; M. l'évêque de Maroc, à la tête si belle, et

M. Ary Scheffer, le grand peintre de *Marguerite*; le roi des Belges et le comte de Rantzau; le duc de Broglie et M. Lefort, maire du premier arrondissement; M. de Montalivet et M. Thiers. En même temps accouraient les dames, mais seulement les dames de la princesse, dans leurs plus beaux atours; l'instant d'après, toute la famille royale, impatiente, et ne pouvant attendre plus longtemps, accourait sur le perron; le roi, le duc d'Orléans, le duc de Nemours, en habit d'officier-général; le prince de Joinville, lieutenant de vaisseau; le duc d'Aumale, sous-lieutenant d'infanterie légère; M. le duc de Montpensier, simple chasseur de la garde nationale. Enfin, tout au bout de la cour, au milieu de ce bruit et de ce silence également inquiet et agité, vous voyez paraître le cortége de la princesse. Tous les regards, tous les cœurs sont tournés vers une seule voiture; cette voiture dorée, traînée lentement par huit chevaux magnifiques, harnachés comme pour un roi qui reviendrait de la guerre. En ce moment solennel, l'émotion de la foule était à son comble; on allait donc la voir cette jeune femme tant attendue, tant désirée! on allait donc savoir enfin ce qu'il fallait penser de ces louanges et de ces outrages.

A mesure que la princesse approchait, le duc d'Orléans, le duc de Nemours, les femmes, les hommes, descendaient lentement le triple escalier pour aller au devant d'elle et c'était là un grand spectacle, que bien peu de gens ont pu voir, car les uns jouaient leur rôle dans ce drame muet et éloquent et les autres, tout entiers à la même pensée, ne regardaient que cette voiture qui s'avançait. Ainsi le roi est resté seul, au sommet de l'escalier, avec la reine, et à grand' peine il contenait son émotion. C'était beau à voir : cet homme si ému, si agité, qui voudrait suivre ses fils et ses amis, et que retient un reste d'étiquette! Derrière le roi se tenait la reine; on devinait son émotion plutôt qu'on ne la voyait. La princesse, le duc d'Orléans et son cortége sont arrivés en même temps au bas de l'escalier; une évolution militaire, commandée par le colonel Brack, n'eût pas mieux fait. Aussitôt s'ouvre la portière de cette voiture, et soudain descend une jeune et belle personne, à la taille élégante et fine. Elle prend à peine le temps de saluer à droite et à gauche; puis elle s'élance, entraînant avec elle le duc de Nemours, qui lui donne la main, et avec la légèreté de ses vingt ans, elle monte jusqu'au roi, qui lui tend la main; elle saisit cette main, qu'elle veut porter à ses lèvres, mais le roi lui ouvre ses bras, et elle s'y précipite. En même temps toute cette belle famille entoure cette nouvelle sœur, qui lui vient de si loin, et si disposée à se laisser être heureuse. On l'entoure, on l'embrasse, on lui présente tous ses frères, toutes ses sœurs; ces jeunes gens, ces enfants, cette reine des Belges, cette princesse Clémentine, qui lit et qui aime les jeunes poëtes; cette princesse Marie, qui est un grand artiste, et qui vient d'envoyer l'autre jour la statue de Jeanne d'Arc au musée de Versailles. Et la reine donc! elle était à demi cachée dans l'embrasure de la porte; on lui a enfin abandonné sa nouvelle fille, et alors, oubliant qu'on les regardait, ces deux femmes se sont embrassées l'une et l'autre, avec une effusion toute maternelle et toute filiale. Et quelle mère plus noble, plus généreuse, plus remplie de courage, de grandeur d'ame et de modestie

S. A. R. Mme la Duchesse d'Orléans.

Publié par E. Bourdin.

pouvait remplacer votre mère, Hélène de Mecklembourg !

L'effet de cette scène a été immense, imposant, solennel. Bien des paupières ont été mouillées, qui n'avaient pas été humides depuis longtemps ; bien des cœurs ont été émus, étonnés eux-mêmes de leur émotion. L'enthousiasme était si grand, si universel, qu'il faisait silence de toutes parts. La foule s'est écoulée, comme si elle eût voulu laisser à son bonheur toute cette heureuse famille ; même la suite du roi a attendu sur l'escalier de pierre, ne voulant pas troubler ces embrassements.

Dans le premier moment, cette jeune princesse si attendue, on n'avait pas songé à la regarder ; on avait regardé le roi, la reine, toute cette scène si remplie de majesté royale et de bonheur domestique. Cependant chacun disait que la jeune princesse avait une taille souple et fine, le pied petit, la main mignonne, le cou très-blanc, les cheveux d'une belle couleur blonde, l'œil vif et spirituel ; avant de la voir, on la croyait belle sur parole, on l'avait entrevue à peine, et déjà on était sûr qu'elle était belle.

Plus tard, avant le dîner, après s'être reposée quelques instants dans ses appartements, la jeune princesse a reparu dans le salon de la reine, où le roi lui-même lui a présenté les dames invitées : madame la comtesse de Flahaut, madame la comtesse de Laborde, madame la comtesse Durosnel, madame la duchesse de Trévise, madame la duchesse de Coigny, madame la baronne de Berthois, madame la baronne Delort, madame la comtesse de Colbert, madame la baronne de Marbot, madame la marquise de Praslin, mesdemoiselles de Lobau, de Laborde, de Chanterac, de Flahaut, de Sainte-Aldegonde. A huit heures et demie, le roi, la famille royale et tous les conviés à cette noble fête se sont mis à table ; la table était de deux cent cinquante couverts. Le roi avait à sa droite la princesse Hélène, à sa gauche la reine des Belges ; M. le duc d'Orléans était à la droite de la princesse, le roi des Belges auprès de la reine des Français, madame la grande-duchesse douairière de Mecklembourg à côté de M. le duc d'Orléans, madame la comtesse Molé à côté du duc d'Aumale, M. le baron de Werther, ministre de Prusse, auprès de la grande-duchesse de Mecklembourg, madame de Werther auprès du prince de Joinville ; M. le prince de Talleyrand, madame la duchesse de Dino, M. le Chancelier, les maréchaux, les ministres, M. le président de la chambre des députés, la duchesse de Dalmatie, la maréchale Gérard, la maréchale Maison, le duc et la duchesse de Broglie, le général Athalin, le duc de Castries, occupaient les places les plus rapprochées de la famille royale.

A dix heures, un feu d'artifice a été tiré auprès du bassin du grand parc ; les chiffres F. H. n'avaient pas été oubliés, et brillaient dans les airs. Mais je vous parle du banquet et du feu d'artifice par ouï-dire : ce n'est pas mon affaire, c'est l'affaire des historiens officiels ; je veux vous raconter simplement ce que j'ai vu.

C'était le lendemain de ce jour si rempli d'émotions et d'inquiétudes de tout genre. C'était le jour du mariage, ou plutôt des trois mariages du duc d'Orléans et de la princesse Hélène de Mecklembourg. On disait que la fête serait brillante et solennelle, et que jamais les magnificence de Fontainebleau n'auraient paru avec plus d'éclat; on disait aussi que cette fois et sérieusement l'accès du palais était impossible, et que nul, excepté les invités du roi, n'aurait le droit de pénétrer dans ces murs. Cependant, confiant dans ma fortune, je me préparai, à tout hasard. Il était sept heures du soir : déjà le palais s'illuminait de toutes parts; chaque porte, chaque croisée de cet amas de châteaux resplendissait d'une clarté inaccoutumée. A voir ainsi s'illuminer peu à peu ces vastes galeries, on eût dit que tous les siècles qui avaient aimé, qui avaient prié, qui avaient souffert, qui étaient morts dans ces murs, sortaient l'un après l'autre de leur oubli, et revenaient dans leurs plus beaux atours, dans leur plus glorieux appareil, y passer encore une nuit de fête et de gloire, de plaisir et d'amour. Certes, ce soir-là il ne fallait pas être un grand poëte pour ranimer toute cette histoire éteinte; avec une âme un peu clairvoyante, il eût été facile de reconnaître, à travers les vitraux gothiques de la galerie de François Ier, le roi chevalier présidant aux fêtes brillantes, et tout au sommet de l'escalier la sombre figure de Napoléon partant pour son exil de l'île d'Elbe. François Ier et Napoléon Bonaparte, voilà en effet les deux maîtres du palais de Fontainebleau, voilà les deux fantômes qui reviennent le plus souvent dans ces murs, dans ces galeries, dans ces mille chambres muettes; et alors qu'ils doivent être étonnés, le roi et l'empereur, de retrouver debout tout leur ouvrage! Depuis si longtemps leur palais était en ruines! Les murs s'affaissaient sur eux-mêmes, les plafonds s'en allaient en lambeaux, les armoiries de tant de rois avaient été si souvent grattées, replacées et regrattées sur la pierre, que la pierre était percée à jour ; on avait fait une si rude chasse aux aigles, on avait arraché tant de fleurs de lis, on avait brisé tant d'emblèmes, on avait effacé tant de chiffres d'amour, que, parmi toutes ces destructions impitoyables, il était impossible de rien retrouver que des murs sans nom, des passages sans souvenirs, des salons sans honneurs, des autels sans encens, des boudoirs sans parfums, des cadres vides, des trônes brisés, toutes sortes de royautés indignement saccagées, gaspillées, souillées, anéanties ! L'ombre des anciens maîtres de Fontainebleau se promenait tristement parmi ces ruines lamentables, et plus les années s'amoncelaient sur les années, plus les ruines s'amoncelaient sur les ruines. Mais aujourd'hui tout se relève : les fondements ébranlés se rassurent, les escaliers écrasés par tant de grandeurs passagères se raffermissent dans leurs bases, les statues couchées par terre remontent sur leur piédestal, les portraits rentrent dans leurs cadres, le vieux plâtre des salons est chassé, comme la poussière, et derrière cette couche immonde reparaissent dans leur éclat tout nouveau des chefs-d'œuvre de trois siècles. C'en est fait, la restauration est complète au dedans et au dehors : les plafonds s'animent comme les murailles, les portes de sapin ont fait place aux portes de chêne, le papier peint s'en va et cède la place au tableau d'histoire, l'écho répète de nouveau des noms sonores ; les caves se remplissent et aussi les bûchers ; les meubles sont rendus au velours et à la dorure, les vers regrettent leur proie ; on remet aux fenêtres les vitraux gothiques ; on relève les cheminées abattues ; on retrouve, avec le soin minutieux et la patience exacte de l'antiquaire, les moindres détails de cette fine sculpture qui changeait le bois en chefs-d'œuvre, la pierre en dentelles, le marbre en belles femmes et en héros. La mosaïque reparaît éternellement jeune et brillante, et elle sort plus fraîche que jamais du parquet de chêne qui la recouvrait comme un cercueil. Partout, du haut en bas de ces immenses murailles, s'est portée la même main réparatrice et attentive; partout a reparu l'or, la couleur, l'émail, le marbre, la pierre, l'écaille, l'ivoire, l'argent, la laine, le velours. C'était, il y a six ans, une demeure désolée et livrée à tous les vents du nord; aujourd'hui, c'est un palais magnifique, digne des plus grands rois. Aussi l'étonnement est immense parmi les ombres royales. — Qui donc a réparé mes galeries? s'écrie François Ier; gloire à lui! il a replacé sur les murs mes armoiries et le chiffre de ma belle maîtresse! Qui donc a relevé l'escalier de Fontainebleau et sauvé les moindres vestiges de mon passage? s'écrie l'empereur; gloire à lui! il n'a pas eu peur des aigles, des souvenirs, non plus que des couleurs de la grande armée. Ainsi parlent entre elles ces ombres consolées. En même temps, à l'heure de minuit, reparaissent légères, comme des ombres heureuses, toutes les femmes qui régnèrent un jour dans ces royales demeures. Elles glissent doucement sur ces tapis moëlleux; elles prennent place sur ces trônes relevés; elles se reposent sur ces sofas redorés; elles sourient à leur beauté dans ces glaces de Venise, qui les reflétaient si belles; elles dansent en chœur sous ces voûtes charmantes, où tout leur rappelle leurs beaux amours d'autrefois. Belle et grande tâche, en vérité! Sauver les ruines, sauver les gloires, sauver les souvenirs de son pays; aspirer plutôt au titre de conservateur qu'au titre de créateur; peu fonder, mais tout sauver; être plus fier de tirer un château de sa ruine que de l'élever tout neuf, et de mourir en le laissant imparfait; mettre à profit tout le luxe, toutes les entreprises, toutes les folies, toutes les dépenses royales de trois siècles; arriver ainsi au plus admirable résultat qui ait jamais couronné l'œuvre des plus grands architectes, c'est-à-dire achever tous les monuments commencés; le même jour, rendre à la colonne son empereur, Louis XIV à Versailles, François Ier à Fontainebleau, Mademoiselle au château d'Eu, le roi aux Tuileries, et le lendemain, aspirer, pour tout repos, à la gloire d'achever le Louvre; et tous ces efforts incroyables, toutes ces entreprises menées de front, tout cela au milieu des partis qui s'entrechoquent, dans l'émeute, dans la guerre civile, dans les désordres, sous le poignard de l'assassin, voilà ce qui s'appelle vouloir et pouvoir.

J'en étais là de ma méditation, et j'oubliais le nouveau mariage qui allait s'accomplir sous ces murs témoins de tant d'hyménées, lorsque, par l'escalier sur lequel j'étais assis, vinrent à passer deux jeunes gens en habit de fête :
— Ne venez-vous pas avec nous? me dirent-ils; hâtez-vous donc, on ne vous attendra pas. Et moi je les suivis, poussé par un sentiment de curiosité poétique que je n'avais jamais éprouvé jusqu'à ce jour.

Mais, grand Dieu! quelle fut mon admiration, je pourrais dire quel fut mon effroi, quand je me trouvai presque seul dans une salle immense, toute resplendissante de l'éclat des lumières! Ici, la description la plus habile manquerait son effet. Les plus grands maîtres dans l'art de donner la vie, le mouvement, le feu et la couleur aux objets qui tombent sous les sens s'avoueraient vaincus sans espoir. Il s'agit cette fois, songez à cela, d'une salle immense, recouverte, du haut en bas, des peintures de ce grand artiste qui n'eut pas de rivaux dans le plus beau siècle des beaux-arts, le Primatice ! le digne élève de Jules Romain. François Primaticcio fut adressé, jeune encore, au roi François Ier, par le marquis de Mantoue, à qui le roi de France avait demandé un peintre pour son château de Fontainebleau. Le grand artiste arriva, suivi d'un grand nombre de statues et de marbres antiques ; puis il commença ces immenses ouvrages, qui devaient être l'œuvre de sa vie. Le Primatice a décoré le château de Fontainebleau durant trois règnes, car François Ier le légua à Henri II, Henri II à François II ; et ce palais de Fontainebleau le reconnaît avec orgueil pour son architecte, pour son peintre, pour son sculpteur. Ces fines statuettes, où l'élégance de la forme le dispute au fini de l'exécution, sont du Primatice ; ces ornements d'une infinie et exquise variété sont du Primatice ; ces meubles, ces fontaines, cette orfévrerie, du Primatice. Partout sur ces murs il a laissé des traces de son génie ; c'était un habile, un infatigable et ardent improvisateur. Il a jeté là toute une armée de figures, et pas une de ces figures ne ressemble à une autre figure, et pas un de ces personnages, pastoraux ou guerriers, fabuleux ou historiques, n'a la même pose ; seulement c'est toujours la même noblesse, la même manière gracieuse et tant soit peu maniérée du Parmésan. L'esprit, l'invention, la couleur, la forme, la grâce, l'habileté, l'audace, toutes les ressources de l'école florentine ont à peine suffi à ce travail de si longue haleine. Me voilà donc au milieu de la galerie de Henri II, au milieu du Primatice, au milieu de l'histoire d'Hercule par le Primatice! Mais ne disait-on pas que ces chefs-d'œuvre étaient perdus, anéantis, et qu'il y a déjà deux cents ans un grand peintre avait déclaré que la restauration du Primatice était impossible? Il est là cependant qui règne en maître; il est là, dans toute sa grâce et dans toute sa vigueur; ce grand artiste, si jaloux de toute renommée qui n'était pas sa propre renommée, qui fut le premier artiste du temps de Jean Cousin, de Germain Pilon, de Jean Goujon. Il revient au monde, et de bien loin; il s'est relevé d'une bien profonde poussière, il est sorti d'un immense abîme. Toutes ces peintures, retrouvées par un miracle incroyable de zèle, de patience, d'intelligence, de volonté et de courage, le temps les avait d'abord effacées de son aile; était venu ensuite l'ignoble badigeonneur qui avait passé sur ces nobles couleurs à demi effacées sa chaux, son mortier, son plâtre, sa couleur grisâtre et changeante; sur le badigeonnage abominable de cet homme ou de ces hommes, on avait collé ensuite ces magnifiques tentures en papier peint que l'empire employait alors avec une triste profusion, et que l'empereur aurait bien dû laisser aux cafés et aux mansardes de son empire. Tels étaient les moindres outrages éprouvés par ces chefs-d'œuvre, sans compter le temps qui, non moins impitoyable que les hommes, sous le plâtre, sous la chaux, sous le vernis, sous le papier peint, attaquait encore les faibles vestiges de tant de génie.

Eh bien ! ainsi effacée, l'œuvre du Primatice a été retrouvée. Un peintre habile, à peine guidé par quelques linéaments incertains, par quelques gravures incomplètes, a suivi lentement les faibles traces de ce vigoureux génie. Heureusement le miracle est accompli du haut en bas de cette immense salle. Toute la vie d'Hercule se détache de cette muraille avec la vigueur d'un bas-relief. Le plancher est composé des bois les plus précieux ; le plafond est chargé d'or et de peintures ; la corniche est sculptée avec un art infini ; à chaque panneau de la muraille, Hercule et ses travaux, sans excepter Omphale; Omphale qui ressemble à Diane de Valentinois. Dans l'embrasure des croisées, le Primatice ; au-dessus des portes, le Primatice ; partout et toujours le Primatice. Au bout de cette salle, et tout voisin des plafonds magnifiques, un immense balcon tout doré est disposé pour un orchestre ; deux mille bougies dans des candélabres de bronze doré, disposées sur un double rang, éclairent dignement cette renaissance de la renaissance, disons mieux, cette résurrection.

Voilà pourtant dans quel immense espace, tout rempli d'or, de lumière et de peintures je me trouvais égaré. Spectacle d'autant plus imposant pour moi que ces mêmes lieux, si magnifiques, je les avais vus pauvres, nus, dégradés, hideux. Au milieu de cette immense salle était dressée une immense table ronde, recouverte d'un magnifique velours bordé de crépines d'or. Un homme entra cet homme était vêtu d'un habit étrange et inconnu, qu'il portait avec une grâce parfaite, avec trop de grâce peut-être, car cet habit était une simarre, redoutable habit, porté par tant de magistrats redoutables. Quand tout fut préparé pour l'auguste cérémonie, quand le livre où est inscrit l'état civil de la famille d'Orléans, qu'on pourrait appeler le livre d'or, fut ouvert à la plus belle page, le roi entra dans cette salle, et il la traversa lentement, d'un bout à l'autre, pour venir se placer en face du chancelier, dont il était séparé par cette immense table ronde. J'ai vu défiler ainsi tout le cortége, imposant et magnifique, comme on en voit dans ses rêves ou dans les contes des *Mille et une Nuits*. Toute la maison du roi, toute la maison des princes, dans leur plus magnifique appareil, suivaient lentement le roi, qui les conduisait. En même temps, les dames de la reine et des princesses, la maison du roi et de la reine des Belges, la maison de la grande-duchesse douairière, les témoins du prince royal, les témoins de la princesse Hélène, les ministres, les maréchaux, les pairs, les députés, les généraux, tous les invités à cette fête, entouraient la famille royale. Aux deux côtés du roi se tenaient, debout comme lui, M. le duc d'Orléans et sa royale fiancée; à droite, la reine des Français, le roi des Belges, le duc de Nemours, le prince de Joinville, le duc d'Aumale et le duc de Montpensier; à gauche, la grande-duchesse, la reine des Belges, la princesse Marie, la princesse Clémentine, madame la princesse Adélaïde; de l'autre côté de la table, M. de Montalivet, M. Molé, M. de Salvandy, tout le ministère de l'amnistie, le chancelier de France, le grand-référendaire, l'archiviste de la chambre des pairs; à droite et à gauche du roi, dans le second hémicycle formé par la table, les témoins du mariage.

Pour le prince royal, les quatre vice-présidents de la

chambre des pairs, le président et les quatre vice-présidents de la chambre des députés, le maréchal Soult, le maréchal Gérard, grand-chancelier de la Légion-d'Honneur, le maréchal Lobau, commandant de la garde nationale de Paris, le prince de Talleyrand;

Pour la princesse Hélène : le comte de Rantzau, M. Bresson et le duc de Choiseul. La maison du roi, la maison des princes, étaient placées derrière la famille royale; les dames se tenaient debout du côté opposé, derrière le chancelier. Le plus profond silence régnait dans toute la salle. Pas un murmure, pas un mouvement, pas un geste. On eût dit quelque tableau de l'histoire de Louis XIV descendu des murailles de Versailles, et dont les imposantes figures se seraient détachées l'une après l'autre du cadre magnifique où elles sont renfermées.

Au milieu de ce silence solennel, le chancelier, d'une voix grave et imposante, lut la formule de mariage : *Très-haut et très-puissant seigneur*, etc., et la question d'usage : *Acceptez-vous pour épouse la princesse Hélène?* Le duc d'Orléans, se tournant vivement vers son père, a paru lui demander une dernière fois son consentement royal; le roi a fait un geste affirmatif, et alors le duc a répondu d'une voix ferme : — *Oui, monsieur*. La voix de la princesse était moins assurée, et elle a répondu avec beaucoup de douceur : *Oui, monsieur!* En même temps, le chancelier prenait les ordres du roi : — *Très-haut, très-puissant et très-excellent prince*. Quand toutes les cérémonies ont été accomplies, M. le chancelier a lu à haute et intelligible voix le contrat de mariage entre le Prince Royal et la princesse Hélène de Mecklembourg.

ACTE DE MARIAGE.

L'an mil huit cent trente-sept, le mardi, trentième jour du mois de mai, à huit heures et demie du soir,

Nous, Étienne-Denis, baron Pasquier, chancelier de France, pair de France, président de la Chambre des pairs, grand'croix de l'ordre royal de la Légion-d'Honneur, remplissant, aux termes de l'ordonnance royale du vingt-trois mars mil huit cent seize, les fonctions d'officier de l'état civil à l'égard des princes et princesses de la maison royale, nous sommes transporté, d'après les ordres du Roi, avec Élie, duc Decazes, pair de France, grand-référendaire de la Chambre des pairs, commandeur de l'ordre royal de la Légion-d'Honneur, accompagné de Eugène-François Cauchy, chevalier de l'ordre royal de la Légion-d'Honneur, garde des archives de la Chambre des pairs;

Au château royal de Fontainebleau, dans la galerie de Henri II, où s'étaient également rendus, par ordre du Roi, Mathieu-Louis, comte Molé, pair de France, ministre-secrétaire d'état au département des affaires étrangères, président du conseil des ministres, officier de l'ordre royal de la Légion-d'Honneur, et Félix Barthe, pair et garde des sceaux de France, ministre-secrétaire d'état au département de la justice et des cultes, grand-officier de l'ordre royal de la Légion-d'Honneur;

Où étant, avons procédé à l'acte de mariage de très-haut et très-puissant prince Ferdinand-Philippe-Louis-Charles-Henri d'Orléans, duc d'Orléans, prince royal, né à Palerme, le trois septembre mil huit cent dix, fils de très-haut, très-puissant et très-excellent prince Louis-Philippe, premier du nom, Roi des Français, et de très-haute, très-puissante et très-excellente princesse Marie-Amélie, Reine des Français, d'une part;

Et de très-haute et très-puissante princesse Hélène-Louise-Élisabeth, princesse de Mecklembourg-Schwerin, née à Ludwigslust, le 24 janvier 1814, fille de feu très-haut et très-puissant prince Frédéric-Louis, grand-duc héréditaire de Mecklembourg-Schwerin, décédé le 29 novembre 1819, et de feu très-haute et très-puissante princesse Caroline-Louise de Saxe-Weimar, grande duchesse héréditaire de Mecklembourg-Schwerin, décédée le 20 janvier 1816, d'autre part.

Et à cet effet, en présence de LL. MM. le Roi et la Reine des Français, comme aussi en présence de très-haute et très-puissante princesse Auguste-Frédérique de Hesse-Hombourg, grande duchesse héréditaire douairière de Mecklembourg-Schwerin, belle-mère de la princesse future épouse, agissant en vertu des droits et pouvoirs à elle conférés par très-haut et très-puissant prince Frédéric, grand-duc régnant de Mecklembourg-Shwerin; en présence également de très-haut, très-puissant et très-excellent prince Léopold, premier du nom, Roi des Belges, duc de Saxe, prince de Cobourg-Gotha, et de très-haute, très puissante et très-excellente princesse Louise-Marie-Thérèse-Caroline-Isabelle, princesse d'Orléans, Reine des Belges, duchesse de Saxe, princesse de Cobourg-Gotha; en présence également de très-hauts et très-puissans princes Louis-Charles-Philippe-Raphaël d'Orléans, duc de Nemours; François-Ferdinand-Philippe-Louis-Marie d'Orléans, prince de Joinville; Henri-Eugène-Philippe-Louis d'Orléans, duc d'Aumale; Antoine-Marie-Philippe-Louis d'Orléans, duc de Montpensier, fils de LL. MM. le Roi et la Reine des Français; de très-hautes et très-puissantes princesses Marie-Christine-Caroline-Adélaïde-Françoise-Léopoldine, princesse d'Orléans; Marie-Clémentine-Caroline-Léopoldine-Clotilde, princesse d'Orléans, filles de LL. MM.; et de très-haute et très-puissante princesse Eugène-Adélaïde-Louise, princesse d'Orléans, sœur du Roi;

Et aussi en présence des témoins désignés par le Roi, savoir:

Antoine-Jean-Mathieu, baron Séguier, vice-président de la Chambre des pairs, grand'croix de l'ordre royal de la Légion-d'Honneur; Joseph-Marie, comte Portalis, vice-président de la Chambre des pairs, grand'croix de l'ordre royal de la Légion-d'Honneur; Achille-Léonce-Victor-Charles, duc de Broglie, vice-président de la Chambre des pairs, grand'croix de l'ordre royal de la Légion-d'Honneur; Dominique-François-Marie, comte de Bastard, vice-président de la Chambre des pairs, grand-officier de l'ordre royal de la Légion-d'Honneur; André-Marie Jean-Jacques Dupin, président de la Chambre des députés, grand-officier de l'ordre royal de la Légion-d'Honneur; Jean Calmon, vice-président de la Chambre des députés, commandant de l'ordre royal de la Légion-d'Honneur; Jules-Paul-Benjamin Delessert, vice-président de la Chambre des Députés, commandeur de l'ordre royal de la Légion-d'Honneur; Jean-François vicomte Jacqueminot, vice-président de la Chambre des députés, grand-officier de l'ordre royal de la Légion-d'Honneur; Laurent Cunin-Gridaine, vice-président de la Chambre des Députés, officier de l'ordre royal de la Légion-d'Honneur; Jean-de-Dieu Soult, duc de Dalmatie, pair et maréchal de France, grand'croix de l'ordre royal de la Légion-d'Honneur; Maurice-Étienne, comte Gérard, pair et maréchal de France, grand-chancelier et grand'croix de l'ordre royal de la Légion-d'Honneur; Georges Mouton, comte de Lobau, pair et maréchal de France, commandant en chef la garde nationale du département de la Seine, grand'croix de l'ordre royal de la Légion-d'Honneur; Charles-Maurice, prince duc de Talleyrand, pair de France, grand'croix de l'ordre royal de la Légion-d'Honneur; Charles-Frédéric-Guillaume, baron de Rantzau, maréchal de cour et vice-grand-écuyer du grand-duché de Mecklembourg-Schwerin; Claude-Antoine-Gabriel, duc de Choiseul, pair de France, grand'croix de l'ordre royal de la Légion-d'Honneur; Charles-Joseph Bresson, pair de France, envoyé extraordinaire et ministre plénipotentiaire du Roi près S. M. le roi de Prusse, commandeur de l'ordre royal de la Légion-d'Honneur;

Après avoir pris les ordres du Roi, avons fait aux hautes parties contractantes les demandes ci-après :

Très-haut et très-puissant prince Ferdinand-Philippe-Louis-Charles-Henri d'Orléans, duc d'Orléans, prince royal, déclarez-vous prendre en mariage très-haute et très-puissante princesse Hélène-Louise-Élisabeth, princesse de Mecklembourg-Schwerin, ici présente? Et à ce, S. A. R. a répondu : Oui, monsieur;

Très-haute et très-puissante princesse Hélène-Louise-Élisabeth, princesse de Mecklembourg-Schwerin, déclarez-vous prendre en mariage très-haut et très-puissant prince Ferdinand-Philippe-Louis-Charles-Henri d'Orléans, duc d'Orléans, prince royal, ici présent; et à ce, S. A. R. a répondu : Oui, monsieur.

Sur quoi nous avons dit :

Par ordre du Roi, et au nom de la loi, nous déclarons que très-haut et très-puissant prince Ferdinand-Philippe-Louis-Charles-Henri d'Orléans, duc d'Orléans, prince royal, et très-haute et très-puissante princesse Hélène-Louise-Élisabeth, princesse de Mecklembourg-Schwerin, sont unis en mariage.

De tout quoi nous avons rédigé le présent acte, et ont signé après lecture faite.

Ont signé :

FERDINAND D'ORLÉANS,
HÉLÈNE-LOUISE-ÉLISABETH DE MECKLEMBOURG-SCHWERIN,
LOUIS-PHILIPPE,
MARIE-AMÉLIE,
AUGUSTE-FRÉDÉRICQUE.

Léopold, — Louise, — Louis d'Orléans, — François d'Orléans, — Henri d'Orléans, — Antoine d'Orléans, — Marie d'Orléans, — Clémentine d'Orléans, — E.-Adélaïde-L. d'Orléans.

Séguier, — Portalis, — de Broglie, — de Bastard, —

Dupin, — Calmon, — Delessert, — Jacqueminot, — Cunin-Gridaine, — duc de Dalmatie, — comte Gérard, — prince de Talleyrand, — baron Rantzau, — duc de Choiseul, — Bresson, — Molé, — Barthe, — Pasquier, — duc Decazes, — E. Cauchy.

Après la lecture du contrat, M. le grand-référendaire a porté le registre à la signature de la famille royale. Les deux époux ont signé d'abord, et d'une main ferme; le roi a signé ensuite, puis le roi des Belges, puis les deux reines, et enfin les princes et les princesses. Cela fait, M. le grand-référendaire a apporté le registre devant M. le chancelier, qui alors a appelé l'un après l'autre tous les témoins du mariage; chacun d'eux a signé à son tour dans l'ordre que nous disions tout à l'heure. M. le chancelier, M. le grand-référendaire, M. l'archiviste de la chambre des pairs, ont clos le registre. A ce moment seulement, cette muraille d'or et de soie qui entourait la famille royale s'est animée; les dames ont salué la jeune duchesse avec les plus tendres regards et les plus charmants sourires. Mais le roi a repris la marche, et il a fallu le suivre à la chapelle.

A peine avais-je eu le temps de jeter un dernier coup-d'œil sur cette salle que nous quittions si vite, sur ces tableaux qu'unissent entre eux les chiffres enlacés de Henri II et de Diane de Valentinois, sur cette cheminée du plus bel ordre ionique, qui se dressait derrière le roi, toute chargée d'emblèmes, de festons, d'armoiries, de guirlandes, de gigantesques chefs-d'œuvre de Philibert Delorme et de Guillaume Rondelet.

Mais le roi nous entraînait à sa suite, il fallait marcher avec lui. Avant d'arriver à la chapelle catholique, le roi passa par la galerie de François Ier. Quand la galerie de François I sera restaurée, comme l'a été la galerie de Henri II, ce sera la plus belle galerie du château de Fontainebleau, et peut-être du monde entier. Là, en effet, le Primatice n'a pas été seulement un grand peintre, mais encore il a été un grand sculpteur. Dans la décoration, il ne faut pas que la peinture soit abandonnée à elle-même; si on veut qu'elle produise tous ses effets, il est nécessaire qu'elle soit accompagnée de la sculpture. C'est la sculpture qui donne le relief, c'est-à-dire le mouvement et la vie, aux chefs-d'œuvre du peintre. Elle encadre, elle explique, elle accompagne à merveille la couleur; elle en augmente la force et la grâce. La galerie de François Ier est le plus excellent exemple du grand effet que peut produire cette intime union des deux arts qui s'accordent si bien l'un et l'autre. Mais, hélas! de tous les produits de cet heureux accouplement, il ne reste plus guère sur ces murailles que des linéaments informes, des figures brisées ou effacées; et de ces chefs-d'œuvre des trois grands arts qui font le plus d'honneur à la nature humaine, l'architecture, la sculpture et la peinture, il ne reste plus guère que le souvenir. Ces souvenirs sont encore d'une grande puissance. Par ce qui reste de ces fragments on juge encore de ce qu'ils étaient; et, ce qui est plus heureux, on juge ce qu'ils seront un jour, quand leur tour sera venu de reparaître. Toujours est-il qu'en passant dans cette galerie de François Ier, on ne pouvait s'empêcher de penser à tout ce qu'il avait fallu de peines et de dépenses royales pour rétablir la galerie de Henri II. La première de ces galeries représente à merveille les misères de Fontainebleau; la galerie de Henri II en résume toutes les splendeurs.

La chapelle de Fontainebleau reconnaît saint Louis pour son fondateur. François Ier la fit restaurer dans des proportions plus larges; Henri IV la fit décorer. Elle a quarante mètres de long sur huit mètres de large, sans compter les chapelles latérales. Le pavé est une mosaïque de marbres précieux et de diverses couleurs. Les lambris sont couverts des plus riches ornements de la sculpture et de la dorure. Fréminet, le peintre de Henri IV, a couvert la voûte de magnifiques peintures, heureusement conservées; le maître-autel est entouré de douze colonnes de marbre; quatre anges de bronze le soutiennent. De chaque côté, deux statues en marbre blanc, saint Louis et Charlemagne. S'il y a quelque part une chapelle qui, pour le nombre, la richesse, la variété des ornements, pour la forme et pour la grâce, pour l'élégance et pour la richesse, puisse lutter avec la chapelle de Versailles, c'est la chapelle de Fontainebleau.

La chapelle n'était pas moins éclairée que la galerie de Henri II. Des lustres sans nombre et chargés de bougies jetaient leur tranquille lumière sur les tribunes latérales, sur la tribune de l'orgue, toutes remplies de spectateurs. L'autel était paré de fleurs; de beaux tapis des Gobelins recouvraient le sanctuaire; tous les bancs de chêne étaient garnis de velours, et chaque prie-dieu avait son coussin de soie. Le duc d'Orléans menait lui-même sa fiancée à l'autel. L'exhortation conjugale de l'évêque de Meaux fut simple et très-courte; elle fut écoutée avec recueillement et dans le plus grand silence. Le greffier de la chambre des pairs ayant remis à monseigneur l'évêque un certificat de la chancellerie de France, dans lequel il était dit que le mariage avait été célébré, l'évêque bénit les deux époux. Le curé de Fontainebleau, M. Liotard, assistait à cette cérémonie, aussi bien que M. Cuvier, le vénérable pasteur qui devait célébrer tout à l'heure le mariage luthérien.

Quand la cérémonie fut achevée, la famille royale quitta l'autel, et le roi, qui connaît mieux que personne le château restauré par ses soins, conduisit cette noce royale par de nouveaux chemins et par de nouveaux escaliers, jusqu'à la galerie Louis-Philippe. Vous dire au juste l'itinéraire de cette marche triomphale, les escaliers que nous avons montés et les escaliers que nous avons descendus, il n'y a peut-être que le roi qui saurait le dire. Ces escaliers étaient tendus de tapis magnifiques, couverts d'orangers en fleurs, chargés de candélabres, resplendissants de marbres et de peintures. Pour aller à la chapelle catholique, le cortége avait traversé la salle des Gardes et l'escalier de François Ier; pour aller à la galerie Louis-Philippe, il traversa l'escalier d'Alexandre et le vestibule de la Porte-Dorée. Dans la salle des Gardes, un habile, savant, ingénieux et modeste pinceau, M. Munich, a rappelé avec un rare bonheur tous les amours, tous les tournois, toutes les joûtes chevaleresques du château de Fontainebleau. Il a placé là tous les emblèmes qui ont honoré ces nobles murailles : la Salamandre, le Croissant, l'H couronnée, le soleil de Louis XIV, l'aigle et les N de l'empereur. La cheminée de cette salle des Gardes est à elle seule tout un édifice ; les ornements de l'escalier du roi sont aussi de M. Munich. M. Abel de Pujol a fait les deux tableaux. M. Abel de Pujol, M. Allaux, M. Picot et M. Munich, tels sont les principaux restaurateurs de ce vaste palais, dont l'architecte est, après le roi Louis-Philippe, M. Dubreuil.

Nous sommes donc arrivés par la route la plus brillante, en prenant par le vestibule de la Porte-Dorée (autre chef-d'œuvre du Primatice, naïf chef d'œuvre), dans la galerie Louis-Philippe. Toute cette galerie, qui est magnifique, est construite dans le style de la renaissance ; des colonnes d'ordre dorique soutiennent la voûte et le plafond ; des glaces d'une vaste dimension remplissent les intervalles qui séparent les groupes de colonnes ; ces portes immenses ont été copiées exactement sur une porte du quinzième siècle échappée à la dévastation ; mais malgré l'habileté de l'imitation, il est encore facile de distinguer la copie de l'original. Cette salle, d'un caractère sévère, avait été disposée pour le mariage protestant. Sur un autel, recouvert de velours rouge, était placé un Christ entre deux flambeaux ; sur une table, la Bible ; devant l'autel un prêtre, ou plutôt un père de famille célébrant le bonheur domestique. C'était encore un contraste touchant et inattendu. Nous passions des pompes de l'église catholique à la sévérité de l'église protestante. Le discours de M. le pasteur Cuvier a duré plus d'un quart d'heure ; il a parlé simplement, et dans ce discours il avait tout à fait oublié le prince, pour ne se souvenir que du jeune époux. Il y avait bien de la paix et bien de l'émotion dans ce discours.

Il était plus de onze heures : arrivé à la porte de la chapelle, le roi a salué gracieusement l'assemblée, puis il est rentré dans ses appartements, en remontant ce magnifique escalier, dont un roi se contenterait pour son salon. Ainsi s'est terminée cette seconde journée, et jamais, que je sache, une journée historique n'a été remplie de plus d'émotions, de plus d'intérêt, de plus de magnificence et de grandeur.

II.

Il faut voir la forêt de Fontainebleau, le matin de bonne heure, quand l'oiseau chante, quand le soleil brille, quand tous les points de vue s'étendent à l'infini devant vos regards charmés, quand toutes ces pierres amoncelées sous ces arbres séculaires prennent mille formes fantastiques, et donnent à la forêt l'aspect de la plaine où les Titans se battirent contre le ciel. La forêt de Fontainebleau est pleine de mystères, de bruits, de détours, de lumière, d'obscurité. Ce sont des cavernes profondes, ce sont de petits sentiers, qui serpentent doucement dans l'ombre sur un gazon fleuri ; ce sont des flots de sable qui s'échappent du rocher entr'ouvert ; c'est une goutte de rosée qui tombe en murmurant doucement d'une inerte montagne ; ce sont mille formes bizarres, comme il devait y en avoir beaucoup sur la terre après le déluge, quand les eaux eurent défiguré à plaisir toutes les choses de la création. A chaque pas que vous faites dans ces mystères, vous rencontrez quelques-unes de ces nouveautés, vieilles comme le monde, mais dont l'effet est tout-puissant. Les artistes, les poëtes, les romanciers, les amoureux, ces grands poëtes, ont fait de tout temps de la forêt de Fontainebleau le domaine de leurs rêves. Elle se compose de quarante mille arpents de vieux arbres ; elle est bornée à l'ouest par la Seine, au midi par le canal de Briare ; elle n'a pas moins de vingt-huit lieues de pourtour. Presque au centre de cette forêt est situé le palais de Fontainebleau.

Au milieu de cet admirable bouleversement de roches, de gazons, de vieux chênes, dont plusieurs s'appellent saint Louis, ou Charlemagne, ou Clovis ; dans les fourrés épais, dans les routes bien sablées, sur les hauteurs inaccessibles, au fond de ces gorges profondes, au fond de ces cavernes, au sommet de ces palais aériens ; loin de la Seine qui brille au loin, ou sur ses bords, à l'ombrage des pins ou des érables, des bouleaux ou des hêtres, des sapins ou des ormes, sur les bruyères, parmi les roseaux, sur la mousse ou dans le sable, au cri des corbeaux, aux chants joyeux de l'alouette, aux notes plaintives du rossignol ; que la couleuvre étale au soleil ses couleurs variées, ou que le daim s'enfuie en bondissant, après avoir jeté un coup-d'œil animé et curieux, n'oubliez pas cependant de rechercher les sites favoris des princes et des poëtes, les rochers fameux, les repos de chasse, dont l'aspect rappelle les vieilles légendes. Il y a un certain art pour visiter Fontainebleau, au-delà duquel tout est hasard et confusion. Allez donc pas à pas, de la Table du Roi à la vallée de la Selle, du rocher de Saint-Germain à la Mare-aux-Èves, du carrefour de Belle-Vue à la Gorge du Loup. Parmi utes ces horreurs magnifiques, recouvertes de beaux ombrages, visitez Franchard, la plus bouleversée de toutes ces vallées pittoresques. A Franchard, on vous racontera des légendes, on vous montrera les ruines d'un monastère, vous aurez des histoires de saints et des histoires de voleurs ; puis, en côtoyant un petit lac, sur lequel flotte à l'heure qu'il est un jeune chêne de vingt ans, renversé par le vent, vous irez admirer la *Roche qui pleure*.

La Roche qui pleure, c'est une montagne couchée sans art entre plusieurs montagnes moins hautes. Autour de cette roche, tout est désolation, silence, aridité. Vous avez soif rien qu'à vous voir dans ces sables, sur ces rochers, sous ce soleil. Mais cependant prêtez l'oreille. Entendez-vous le bruit argentin d'une goutte d'eau qui tomberait du ciel dans une coquille de nacre? Pour l'entendre tomber cette eau limpide, il faut avoir la tête calme, la conscience tranquille. Elle ne se révèle qu'aux bonnes gens qui la cherchent en toute simplicité, cette eau mystérieuse et limpide. On dit qu'elle a le secret de soulager bien des souffrances : je suis sûr qu'en effet elle pourrait guérir bien des maux de l'âme, si l'on pouvait chaque matin aller l'entendre murmurer doucement sa plainte inarticulée. C'est étrange cette perle qui se détache de cette immense roche, cette goutte d'eau pure qui sort en murmurant de cet énorme granit; on dirait un vieux soldat qui pleure et qui cache ses larmes. En tout temps, en toute saison, par les soleils les plus chauds, par les plus froids hivers, la même roche donne éternellement la même goutte d'eau pure et inaltérable : jamais plus, jamais moins.

Il y a encore, parmi les endroits renommés, le mont d'Henri IV, le Rocher d'Aron, le Mont-Aigu, les Ventes de la Reine, les Érables, la Table du Roi, la Table du Grand-Veneur ; le grand-veneur mène la chasse infernale aux aboiements de ses chiens d'outre-tombe ; la grande Treille, le village d'Aron, les Pressoirs du Roi, le Bouquet du roi, Henri IV et Sully, deux vieux chênes admirables entre tous les chênes ; le rocher *des Deux Sœurs*, la Suisse en petit. On va, on vient, on s'arrête ; on se sent si heureux de vivre et de dire bonjour au soleil !

Cependant quinze voitures à six chevaux traversaient la forêt au pas, au galop, faisant halte, se perdant dans les allées, reparaissant l'instant d'après dans des sentiers moins couverts. Calèches, chars à banc, landaus, étaient remplis de la foule des promeneurs. C'était le roi et sa famille ; c'était la jeune duchesse d'Orléans et son mari, timide encore, et qui parlait à sa femme comme il lui eût parlé la veille ; les dames étaient dans quatre voitures, les jeunes gens étaient à cheval. C'était un bruit, c'étaient des éclats de rire, c'étaient des gros bouquets dont les voitures étaient jonchées. Tant pis pour les curieux qui auraient voulu troubler tout cet abandon et toute cette joie de leur regard indiscret ! Quant à moi, quand je suis dans la forêt de Fontainebleau, il me faut la forêt tout entière ; je la veux pour moi tout seul. Vous pensez donc que ces quinze voitures et ces quinze fois six chevaux, et ces écuyers, et ces officiers, et ces aides de camp, et cette livrée, et ces princes qui couraient à cheval, et toute cette famille royale qui paraissait par intervalles, et que je pouvais rencontrer à chaque pas, me troublèrent dans ma promenade matinale. Donc, je leur cédai la forêt tout entière, et je rentrai dans la ville en me rappelant que j'étais encore à jeun.

III.

Pour rentrer dans la ville de Fontainebleau, il faut passer au milieu des tentes habitées par deux beaux régiments d'infanterie et d'artillerie. A droite du chemin reposent les canons entre deux guirlandes de gazon qui remplacent les chaînes de fer; au devant du camp, les artilleurs ont élevé une redoute en terre; cette redoute est construite au cordeau, au compas, et d'après toutes les règles de l'art : je vous laisse à penser si cet ornement des artilleurs faisait l'envie des carabiniers leurs voisins. Qui dit un camp dit aussi des jardins, des arcs de triomphe, de belles rues sablées, d'innocentes redoutes, un trophée d'armes. Mais comment les carabiniers pourront-ils lutter avec les artilleurs ? Ce sont d'habiles et ingénieux compères les carabiniers du sixième; s'ils n'ont pas la science de leurs voisins dans l'art d'élever des forts, de creuser des fossés, de donner au gazon mille formes diverses, ils ont pour eux l'esprit, la recherche, les fines devises, l'art de tirer parti pour l'ornement, d'une baguette de fusil, d'un vieux schako, d'une baïonnette rouillée, d'une poignée de sabre. Tout leur sert pour dresser leur trophée, tambours, trompettes, bonnets de police; le trophée est tout recouvert de mousse, sur la mousse sont écrites d'élégantes devises avec des fleurs; au sommet du trophée, par devant, par derrière, flottent mille drapeaux tricolores; laissez-les faire, vous verrez que l'imagination vaut bien la science, que l'esprit vaut bien le génie, que le carabinier n'aura rien à envier à l'artilleur. Il était plus de midi, et tout le camp des carabiniers était encore occupé à embellir son trophée. Dans cette foule de jeunes officiers en déshabillé du matin, le schako sur la tête, les pieds dans des pantoufles de velours brodées par des mains amies, moitié soldats, moitié dandies, moitié indigence militaire et moitié luxe de la ville, en beau linge et en vieil habit, j'en reconnais un qui me voit, qui m'appelle, qui accourt, qui me fait descendre de mon cheval, qui m'embrasse, qui me présente à ses frères d'armes, et qui m'emmène dans sa tente pour déjeuner avec eux, non sans m'avoir demandé comment je trouvais leur trophée d'armes.

La tente de mon ami le sous-lieutenant est pittoresquement située entre la *rue d'Orléans* et la grande rue de *Mecklembourg*. Un double lit occupe cette tente; une table, des pliants, une bouteille tour à tour bouteille et chandelier, eau et vin, flamme et fumée; une poutre sur laquelle sont placées deux épées, une brosse, un rasoir sans manche, du cirage anglais, un flacon d'eau de Cologne, un jeu d'échecs, l'*École de peloton* et quelques volumes dépareillés de Molière, tel est le mobilier de la tente. En peu d'instants, la tente fut remplie de bons jeunes gens pleins d'esprit et de bonne humeur, et le déjeuner commença d'une façon splendide. On parla de tout, de vers et de prose, de paix et de guerre, d'habits et d'épaulettes, sans oublier les amours et les spectacles, et les belles comédiennes, et les fêtes du soir, et mademoiselle Mars, dont on avait aperçu le voile qui flottait au vent. Il est impossible d'être plus gai et de meilleure compagnie. C'étaient des éclats de rire à faire envie à un maréchal de France. Surtout ce jour-là, tout le corps des jeunes officiers était généralement occupé d'un madrigal indigène et guerrier qu'un des leurs avait composé en l'honneur de la princesse Hélène. L'idée de ce madrigal était ingénieuse et fine. Il s'agissait d'un parallèle entre la belle Hélène de la guerre de Troie, qui semait tant de discordes sur son passage, et la jeune duchesse d'Orléans. Les vers étaient galamment tournés, simplement écrits, bien pensés, et M. Casimir Delavigne lui-même n'aurait pas refusé de les signer. Seulement, quand j'arrivai au camp, les parties intéressées à cette poésie venaient d'y découvrir une espèce d'hiatus qui choquait leur oreille, et dont il fallut se défaire à tout prix. Donc on scandait, on tournait, on retournait ce malheureux vers. L'auteur, en homme d'esprit, abandonnait tout à fait son vers, mais il tenait à sa pensée; ses amis y tenaient aussi, et plus que lui encore; mais cependant ce diable de vers était inflexible. On avait beau le tourner et le retourner dans tous les sens, l'hiatus reparaissait toujours.... Ce n'était pas un hiatus! c'était une légère tache qu'il était très-facile d'effacer en s'y prenant sans violence. — Vous qui êtes du métier, me dit un capitaine, dites-nous donc comment vous feriez ces vers. — A coup sûr, je les ferais moins bien que vous, capitaine ; mais tenez, voici votre vers.... Et en effet, j'avais détruit l'hiatus, qui n'était pas un hiatus. Vous jugez que de remerciements et que de franches poignées de main ! Aussitôt le quatrain est envoyé à la ville, et il revient imprimé sur une belle toile blanche. — Et voilà comment se passe la vie du camp !

Nous étions encore à table, quand soudain le tambour se fait entendre. Le roi venait de la forêt, il va passer, il faut le recevoir. Je ne sais pas ce qui arriva, mais en un clin-d'œil tous mes jeunes officiers, si débraillés tout à l'heure, furent habillés comme pour le bal ; rien ne manquait à leurs beaux uniformes, pas un grain de poussière sur leur chaussure, pas un pli à leurs habits ; leurs épaulettes étaient brillantes comme l'argent, je voudrais dire comme l'or ; tout le régiment s'habilla comme un seul homme, toutes les tentes se fermèrent, la musique courait aux armes ; musique, officiers, soldats, trophées d'armes, tout était prêt, que le roi, qui va si vite, n'avait pas encore paru.

Et le soir, il y avait spectacle à la cour. Pour arriver au théâtre, heureux celui qui peut prendre le plus long chemin. La cour ovale se présente d'abord, puis l'escalier du Roi et les admirables sculptures de la renaissance, et la rampe dorée, et les portraits de Louis-le-Jeune, de saint Louis, de François Ier, d'Henri II, d'Henri IV, de Louis XIII, de Louis XIV, de Napoléon, de Louis-Philippe et de la reine des Français; puis les cinq pièces de l'appartement de madame de Maintenon, rendu à son premier lustre et tout rempli de meubles de Boule ; puis, la statue d'Henri IV, qui surmonte la vieille cheminée en marbre blanc ; puis, la salle des Gardes et sa cheminée que supportent la Force et la Justice. Vous arrivez dans la salle de spectacle. La salle est longue et étroite, l'ornement est un couronnement de Louis XV, la scène est entourée de guirlandes et de feuilles de roses. Le roi a beau dire qu'il ne veut pas bâtir une nouvelle salle de spectacle, je ferais volontiers le pari que la salle actuelle deviendra avant peu ce qu'elle était sous Louis XV, une salle de galas et de banquets. On portera le théâtre ailleurs.

Ce soir-là, l'assemblée était brillante. A huit heures, le roi entrait dans sa loge, donnant le bras à la duchesse d'Orléans. C'est seulement alors qu'on a pu bien voir la jeune duchesse. Elle avait monté si vite le grand escalier le premier jour, elle avait été si entourée le second jour, elle avait traversé la forêt d'un pas si rapide, qu'à peine pouvait-on dire la beauté de sa taille, la noblesse de sa démarche, la couleur de ses longs cheveux, l'esprit de son regard, la grâce de son sourire. Mais quand elle parut dans sa loge royale, à la place d'honneur, à côté de la reine, entre les deux rois, accompagnée de ces vieux maréchaux de France, les compagnons du grand capitaine, tout ce parterre de généraux et de capitaines, ces loges garnies de dames, ces secondes galeries remplies de jeunes sous-officiers, se levèrent debout pour la recevoir, pour l'applaudir, pour la regarder aussi, et pour s'assurer s'il était vrai qu'elle fût si belle ? La jeune femme a répondu à l'attente générale. Elle a salué l'assemblée, et chacun a pu voir que c'était en effet une grande et belle personne; la taille d'une reine, la grâce d'un enfant, les cheveux tout blonds et de cette couleur blonde qui est si près d'être la couleur des brunes; son œil est bleu, mais plein d'intelligence et de feu, sa tête est petite, sa main aussi; ni le voyage, ni le soleil, ni la fatigue, ni tant d'émotions diverses, n'ont pu altérer la blancheur inaltérable de son teint. Au milieu de cette grandeur inaccoutumée, à cette cour qui n'est pas une cour, parmi ces hommes importants à tant de titres si divers, la jeune femme se trouve à l'aise, tant elle sait garder de réserve même dans son abandon, de modestie même dans les honneurs dont on l'entoure. Sa voix est sonore et toute remplie de la douce naïveté allemande. Elle salue, elle regarde, elle écoute, elle voit tout; elle comprend toutes choses; on sent, rien qu'à la voir, qu'elle est émue, qu'elle est heureuse; on lui sait gré de sa jeunesse, de sa beauté, de son intelligence, de sa douce voix, de cette belle langue française qu'elle parle si bien, et qu'elle a apprise dans les grands maîtres; on lui sait gré de tout, même de son bonheur.

Mademoiselle Mars jouait *les Fausses Confidences* et *la Gageure imprévue,* et vous savez avec quel admirable talent. Le parterre écoutait en silence tout cet esprit de Marivaux; et comme c'était un parterre composé, en grande partie, d'officiers de la garde nationale, électeurs, propriétaires, et, en cette triple qualité, partie essentielle du gouvernement représentatif, il m'a paru que ce parterre-là ne goûtait pas tout d'abord cette intrigue de l'autre siècle : ce Dubois, le valet qui mène toute cette comédie, paraissait au parterre un drôle malappris; il regardait madame Argante comme une insolente baronne, qui ne savait rien de la charte constitutionnelle ; surtout il ne comprenait pas ce Dorante, ce jeune homme de bonne mine et de bonne famille, qui *pouvait être avocat*; et qui consentait à être l'intendant d'Araminthe et à faire la cour à Marton, sa suivante. Les vieux instincts plébéiens de ce parterre bourgeois se sentaient quelque peu révoltés : dans cette peinture exquise des mœurs du siècle passé, et dans toute cette élégance, il ne voyait guère que le dédain pour le tiers-état. Heureusement, après les premières humiliations de Dorante et les premières insolences de madame Argante, la scène change d'aspect : madame Argante est raillée et jouée par Dubois; Dorante épouse Araminthe, sa belle maîtresse; le comte, amant d'Araminthe, est battu par le neveu du procureur. Pour le tiers-état, la satisfaction est complète, et enfin, mademoiselle Mars aidant Marivaux, ce parterre, d'abord si froid, aurait battu des mains, si le respect le lui eût permis.

De temps à autre, les spectateurs les plus habitués au spectacle tournaient la tête pour regarder cette jeune princesse nouvellement arrivée d'Allemagne, et prêtant l'oreille à la langue de Marivaux, à cette langue à part, qui n'a été parlée qu'un jour, par quelques jeunes gens et quelques jeunes femmes qui sont morts à vingt-cinq ans, à la fin d'un siècle et d'une société que la foudre a frappés. Grand miracle, en effet, que la langue de Marivaux ait échappé à tant d'orages! mais grand miracle aussi qu'elle soit comprise par une princesse étrangère qui n'a pas même touché Paris, qui n'a vu encore que des députés, des pairs de France, des généraux, des soldats, et qui n'est en France que depuis trois jours !

Dans les entr'actes, on criait : *Vive le roi!* On prenait des sorbets et des glaces, qui circulaient avec une grande profusion ; on écoutait l'harmonie guerrière et nerveuse des clairons et des trompettes ; on regardait bouche béante M. de Talleyrand, ce grand seigneur, qui est peut-être le dernier des grands seigneurs de l'Europe, inépuisable pensée, fécond esprit, vivante histoire de la fin du dix-huitième siècle et du commencement du siècle suivant, c'est-à-dire l'inépuisable chapitre des deux siècles les plus remplis de notre histoire. On admirait cette figure impassible, ce regard qui devine toutes choses, ces cheveux blancs qui ne sont pas les cheveux d'un vieillard, ces rides profondes que le temps a creusées, non le travail. Si le prince eût voulu, que de belles histoires il eût pu raconter de cette même salle de spectacle, où il avait vu tant de grandeurs dans des appareils si divers ! Mais il était immobile et comme insensible à ce qui se passait devant lui. Il était nonchalamment assis dans sa loge, et sans doute il eût donné tout Marivaux et tout ce parterre de gardes nationaux, c'est-à-dire tout le passé grand seigneur et tout le présent bourgeois de la France, pour une partie de wisth. M. de Talleyrand, avec une vigueur peu commune, a supporté jusqu'à la fin la fatigue de ces fêtes. Le même soir, comme le roi passait devant lui, M. de Talleyrand se levait pour le saluer. — Ah ! mon prince, dit le roi, restez assis. — Sire, répondit le Nestor de la diplomatie europeénne, il faudrait que M. de Talleyrand fût mort, pour ne pas se lever devant vous !

Les jeunes gens et les jeunes femmes regardaient avec admiration, dans un coin de l'orchestre, Youssouf et le commandant Allouard. Youssouf-Bey est un véritable Arabe de pur sang : il a la taille petite, la tête haute et fière, les membres de fer, l'agileté, la grâce, la vigueur, le regard brûlant, la crinière épaisse et noire des coursiers de son pays. Jamais plus d'intelligence sauvage n'a brillé dans le visage d'un jeune homme ; il a le col nu et superbe ; sa tête est ornée d'un turban de cachemire, sa barbe est longue et bien peignée ; il porte un habit oriental en drap vert, galonné d'or, et sur les épaules un manteau noir ; le terrible yatagan est passé à sa ceinture. Quand il sourit, il montre, à travers ses moustaches, les plus belles dents du monde, aussi blanches, aussi dures que les dents d'un jeune chien de Terre-Neuve : il est vraiment beau ainsi vêtu ! Il parle le français comme un élève de Voltaire, c'est-à-dire avec mille formules ironiques qu'il a trouvées je ne sais où ; son regard est railleur, son accent est railleur ; il regarde les hommes et les femmes du coin de l'œil, sans mépris, mais sans admiration ; il porte fièrement sur sa poitrine la croix d'officier de la Légion-d'Honneur. Il avait l'air bien étonné en écoutant *les Fausses Confidences* et *la Gageure imprévue* ; et était près de dire comme disait une belle Espagnole, à une comédie de Lachaussée : *Ils s'aiment, ils sont seuls, personne ne les regarde ; que de temps perdent ces gens-là !*

Son compagnon, longue barbe aussi, taille plus haute,

c'est ce beau jeune homme, M. Allouard, qui était, il y a deux ans, la gloire des courses de Chantilly et du Champ-de-Mars. Celui-là n'aura pas eu grand'peine à se faire Arabe, car il en avait déjà la force et l'adresse, l'intelligence et l'agileté ; il marche gravement, posément, comme un pacha ; lui, ce jeune homme si pétulant et si vif, il a pris toute la gravité arabe, si bien qu'en les voyant passer l'un et l'autre, Youssouf et M. Allouard, l'un vif, pétulant, inquiet, beau parleur, élégant et spirituel causeur, l'autre calme, grave, réservé, on dirait à coup sûr d'Youssouf : voilà un Français déguisé en Arabe, et d'Allouard : voilà un Arabe ; avec un peu plus de vivacité ce serait un beau capitaine français !

C'est ainsi que jusqu'à la fin de cette dernière soirée, c'est-à-dire jusqu'à onze heures, l'œil, l'esprit, l'oreille, étaient également occupés ; la fête était complète, l'admiration était entière ; il n'y a pas de spectacle au monde plus imposant qu'un pareil spectacle, il n'y a pas de drame qui vaille ce drame, il n'y a pas d'opéra qui vaille cette fête des yeux et de la pensée, même quand l'Opéra possédait encore ces deux chefs-d'œuvre qu'il a perdus, Nourrit et mademoiselle Taglioni !

Et le lendemain, je dis adieu à la ville, au palais, au camp, à la forêt, emportant avec moi le souvenir impérissable de ces trois belles journées du mois de juin ; trois journées aussi importantes pour la dynastie du roi Louis-Philippe Ier que les trois grandes journées de juillet.

VERSAILLES.

I.

Restauration du palais de Versailles.

Après Fontainebleau, Versailles. A peine duchesse d'Orléans, la jeune princesse va marcher de triomphes en triomphes. Le roi son père lui a préparé plus de surprises heureuses que n'en pourrait rêver l'imagination la plus puissante : pour elle il a relevé le palais de Fontainebleau; pour elle il va inaugurer le musée de Versailles. Il veut, pour faire honneur à son fils, à sa belle-fille et au château de Versailles, son royal chef-d'œuvre, que le mariage de son fils et l'inauguration du musée de Versailles aient lieu le même jour, et que ces deux dates, mémorables dans notre histoire, se confondent dans notre reconnaissance et dans nos souvenirs.

Le palais de Versailles, cette imposante création de Louis XIV, qui suffisait à peine à contenir sa puissance et sa gloire, n'était plus qu'une vaste ruine, souvenir plein d'intérêt et de tristesse de tant de prospérités et de grandeurs. Après avoir abrité le plus grand siècle de notre histoire, le château de Versailles était tombé en ruines tout d'un coup, avec la royauté qui lui prêtait sa puissance et son éclat. Ces royales demeures, ainsi dévastées, restèrent longtemps silencieuses et désertes. Plus tard l'empereur Napoléon, arrivé à son plus beau moment de triomphe et de majesté, se mit à penser qu'à présent qu'il était le grand empereur, il avait le droit peut-être de réparer et de redorer à son usage la demeure du grand roi. Il fit donc quelques tentatives pour leur rendre leur ancien éclat, à ces murs désolés; mais ce furent de vains efforts. La toute-puissance impériale s'arrêta confondue sur le seuil de ce palais, construit à l'usage d'une autre royauté. L'empereur, avec ce bon sens admirable qui fut longtemps son étoile et sa fortune, comprit bientôt qu'il ne lui était pas donné de refaire le palais de Louis XIV, pas plus qu'il ne lui avait été donné de reconstruire la royauté de Louis XIV. Il s'avoua à lui-même qu'il n'avait pas le droit de réparer les vestiges irréparables de tant de puissance et de majesté; et après les premières tentatives, ce grand homme, pour qui le mot impossible n'était pas un mot français, eut bientôt renoncé à cette tâche sans fin et sans résultat pour lui, la restauration du château de Versailles!

Cependant l'empire fit place à l'ancienne monarchie : la maison de Bourbon remonta sur le trône qu'elle avait perdu. L'empereur fit ses adieux à ses aigles du haut de cet escalier du château de Fontainebleau, qui devait être sauvé de sa ruine par la même volonté intelligente et royale qui sauve aujourd'hui le château de Versailles. Ce fut alors vraiment que Versailles put croire à sa renaissance. En effet, les rois qui revenaient n'étaient-ils pas les petits-fils de Louis XIV ? Louis XVIII, l'héritier légitime de cette monarchie, n'avait-il pas eu son berceau à Versailles, comme il devait avoir son tombeau à Saint-Denis ? C'était donc par droit de naissance que Versailles allait sortir de son abandon et de son silence. Louis XVIII le voulait. Il donna des ordres pour que Versailles se ressentît de cette restauration royale ; vains efforts encore cette fois ! Napoléon l'avait dit : Louis XVIII ne pouvait dormir en sûreté que dans le lit de l'empereur. Désormais le château de Versailles ne devait plus prévaloir sur le château des Tuileries. Cette royauté de Louis XVIII, qui est morte parce qu'elle s'est obstinée à se dire une vieille royauté, et parce qu'elle n'a pas voulu être une royauté nouvelle, comprit cependant, elle aussi, après les premières tentatives pour relever ces grands débris, pour donner une vie nouvelle à ces illustres ruines, qu'une force irrésistible la repoussait de ces murs témoins de son ancienne toute-puissance. Ainsi le château de Versailles, muet, dévasté et désert, était au milieu de la France comme ces châteaux abandonnés des romans de chevalerie, ouverts à tous les vents, mais où personne ne peut entrer.

C'est que ni l'empire, ni la restauration n'avaient su trouver véritablement la destination nouvelle du Versailles de Louis XIV. Dans leur double égoïsme, Napoléon et

Louis XVIII ne voulurent loger au château de Versailles, Napoléon que l'empereur, Louis XVIII que le roi de France. Louis XVIII ne voulut pas comprendre que désormais, empire ou royauté, la puissance souveraine de la France ne pouvait habiter que le château des Tuileries; l'empereur ne voulut pas s'avouer à lui-même que le palais qui avait eu l'honneur d'abriter la royauté de Louis XIV, était trop grand, même dans ses ruines, pour n'être plus qu'une simple maison de plaisance. Un hôte digne d'habiter ces demeures, une fois qu'elles seraient relevées, voilà ce qui manquait surtout au château de Versailles. Le roi Louis-Philippe Ier, le roi conservateur, cette courageuse et royale intelligence qui a déjà sauvé parmi nous tant de monuments qui allaient crouler, qui a déjà relevé tant de ruines, a enfin trouvé le premier l'hôte royal qui convenait désormais au palais de Versailles. Le palais de Versailles était destiné, de toute éternité, à n'être habité dignement que par des rois. La gloire, la puissance et la majesté pouvaient seules le remplir. Le roi des Français, pour le sauver et pour le remplir à tout jamais, a fait du palais de Versailles la demeure de la gloire et de la majesté françaises. Il a relevé ces nobles murs, il a redoré ces riches lambris, il a ouvert à deux battants ces portes royales, il a retrouvé les riches peintures de ces plafonds, il a remis en lumière ces emblèmes et ces armoiries, placés là par les vainqueurs de la veille et effacés par les vainqueurs du lendemain ; les imprévoyants et les insensés!.. comme si on effaçait une seule ligne de l'histoire! Le roi des Français a relevé ces longues galeries ; il a préparé à de nouveaux honneurs ces salles magnifiques où se promenaient jadis, dans une attente respectueuse, toutes les gloires du grand siècle ; il a évoqué de cette voix toujours obéie tous ces souvenirs si remplis de gloire et de majesté ; et quand enfin le palais a été préparé comme pour un roi, le nouveau Louis XIV du nouveau Versailles, se tournant vers la France : Soyez la reine de ces lieux, lui a-t-il dit ; régnez où régnait Louis XIV, mon aïeul ; prenez place dans les salons, dans la chambre du roi. Envoyez dans ces galeries, qui sont à vous, tous vos grands hommes ; inscrivez sur ces murs toutes vos gloires et aussi tous vos revers, toutes vos craintes et aussi toutes vos espérances passées, toutes vos joies et toutes vos douleurs. Je veux que désormais le palais de Versailles, restauré par mes soins, soit le temple de la fortune française. Je le donne à la France, comme le plus beau don que son roi puisse lui faire !

Et, en effet, tel qu'il est aujourd'hui, grâce au roi, tel que toute l'Europe le viendra visiter comme une de ces merveilles inestimables qui n'ont pas leur égale dans le monde, qu'est-ce aujourd'hui que le château de Versailles, sinon la reconnaissance la plus complète, la plus désintéressée et la plus loyale de l'histoire de France, qui se soit jamais faite, même dans une histoire écrite ? Dans ces murs, naguère encore si désolés et si déserts, sont venus tour à tour tous les rois, tous les siècles, toutes les croyances, tous les grands hommes de la France. Ils ont obéi à la voix royale qui les appelait à ces nouveaux honneurs. Du fond des tombeaux de Saint-Denis, du fond des caveaux du château d'Eu, du Musée des Augustins, de toutes les vieilles cathédrales, de tous les monastères et de toutes les églises en ruines, les rois de la première race se sont dressés ; ils sont venus, la couronne sur la tête et le sceptre à la main, prendre leur place dans ces longues galeries destinées aux statues de marbre ou de pierre. Les voici tous : Clovis, Charlemagne, Carloman, Eudes, Jean d'Artois, Hugues Capet, Charles Martel, saint Louis, Philippe-le-Hardi, Louis-le Hutin, Léon de Lusignan ; et à leurs côtés : Jeanne de Savoie, Blanche de Castille, Valentine de Milan, Marguerite de Flandre, Clémence de Hongrie ; toutes ces beautés, tous ces courages ; toute la blanche hermine, toutes les cuirasses de fer ; toutes les fortes, toutes les gracieuses poitrines de notre vieille histoire. Les uns morts sur le trône, les autres dans l'exil ; ceux-ci la couronne sur la tête, ceux-là dans une robe de moine ; un lion veille aux pieds des hommes, un lévrier dort aux pieds des femmes, emblèmes du courage et de la fidélité.

C'est ainsi que le moyen-âge se présente à vous dans sa gloire inculte. Tous ces hommes forts d'autrefois, dont le nom est presque une fable, vous apparaissent dans leur sombre majesté. Les hommes reviennent des croisades, les femmes prient. Au moyen-âge succède la renaissance ; le marbre et la pierre font place aux toiles peintes, le velours remplace le fer. Déjà l'art français éclate de toutes parts ; François Ier, le roi chevalier, se montre à côté de Bayard. Nous sommes dans le siècle de l'amour et de la poésie ; allons toujours. Que de grands hommes à saluer, que de gloires à applaudir ! Que d'armées triomphantes ! Que de soldats, que de magistrats, que de poètes ! Et comme cette histoire de France est remplie à chaque page, de belles femmes, de savants et de héros! Qui l'eût dit, cependant, qu'ils seraient tous réunis un jour dans la même enceinte comme ils sont réunis par la même gloire? Mais qui pourrait ou qui voudrait vous raconter une à une toutes les merveilles du nouveau Versailles? Aujourd'hui nous ne voulons, nous ne pouvons vous donner qu'une faible idée de ces merveilles. Allons donc çà et là, au hasard, comme on fait dans le premier moment d'entraînement et d'enthousiasme.

Les premiers qui se présentent dans le palais restauré de Versailles, ce sont Napoléon, et, après Napoléon, Louis XIV. Vous les retrouverez à chaque instant dans le palais, hors du palais; chacun d'eux marchant à la tête de son siècle. Tout d'un coup vous vous trouvez dans l'année 1792, le point de départ de la France nouvelle. C'est là peut-être la grande idée de cette œuvre immense. A 1792 commence en effet l'histoire moderne. Vous les voyez tous partir dans leur habit troué de lieutenant, sous la veste de matelot, dans le simple appareil de leurs dix-huit ans inconnus, tous ces hommes, l'honneur et l'avenir de la France, que que vous retrouverez là-bas, plus tard, empereur, rois, princes, généraux, maréchaux de France, l'élite et l'orgueil de la nation, dans le combat, dans la gloire, dans le triomphe, dans la défaite, dans la victoire. L'émotion vous saisit rien qu'à les voir ainsi partir. Quelle leçon plus utile et plus royale à la fois! Venez voir ce qu'ils étaient ici; vous verrez dans le grand salon des Victoires ce qu'ils sont devenus. Voici Bonaparte, lieutenant; Jean Bernadotte, soldat; Kellerman, capitaine; André Masséna, lieutenant-colonel; Pierre Augereau, adjudant-major; Catherine Joubert, sous-lieutenant; Marceau, soldat; Desaix, capitaine; Lefebvre, sous-lieutenant; Régnier, canonnier; Soult, sergent au 2e de ligne; Gorges Mouton, capitaine; Molitor, capitaine; Truget, lieutenant de vaisseau; Michel Ney, sous-lieutenant de hussards; Junot, soldat; Foy, lieutenant d'artillerie; Pichegru, adjudant d'artillerie; Macdonald, capitaine; Moncey, capitaine; Brune, soldat; Marmont, lieutenant; Maison, grenadier; Gérard, soldat de la Meuse; Sébastiani, sous-lieutenant; Lannes, sous-lieutenant; Joachim Murat, sous-lieutenant; Duperré, matelot; le duc de Chartres, prince du sang royal en 1792, et par conséquent celui de tous qui rencontrera le plus d'obstacles dans sa route; regardez d'abord ce qu'ils étaient alors, regardez ensuite ce qu'ils sont aujourd'hui; et après, si vous êtes des hommes de cœur et d'intelligence, osez donc désespérer de l'avenir et de la Providence!

Quelle infinie distance sépare le Versailles de 1830 du Versailles de 1681! Que ces vastes demeures seraient étonnées si elles pouvaient se reporter, par la pensée et par le souvenir, à leurs premiers jours de grandeurs! Quand il n'y avait à cette place, chargée de pierres et de marbres, que des arbres séculaires, Henri IV y venait relancer le cerf; Louis XIII quittait les forêts de Saint-Germain pour les bois de Versailles, et, quand la nuit le surprenait, le roi couchait dans un cabaret de la route, ne se doutant guère que, non loin de ce triste abri, s'élèverait une maison assez vaste pour contenir le plus grand roi et le plus grand siècle de la France. Peu à peu, le roi se hasarda à faire de son rendez-vous de chasse un petit château tout en briques. Enfin en 1660, le véritable roi du château de Versailles, celui qui devait élever ces murailles et les peupler d'hôtes de génie, Louis XIV paraît, et à sa voix, cet immense chaos fut remplacé par une magnificence pleine d'art et de goût. En vain la nature et la disposition des lieux et l'aridité du terrain semblent mettre autant d'obstacles invincibles aux volontés du jeune monarque; ces obstacles sont tous surmontés à force de persévérance et de dépenses infinies. Présidé par Louis XIV, un conseil d'hommes de génie se réunit pour élever ces superbes demeures. Mansard élevait les plafonds que Lebrun chargeait de chefs-d'œuvre; Le Nôtre disposait les jardins, et répandait dans ces terrains arides des fleuves entiers, détournés de leurs cours naturels par une armée de travailleurs; Girardon et le Puget peuplaient ces rivages, ces bosquets, ces grottes humides, d'une armée de nymphes, de tritons, de satyres, de tous les dieux de la plus gracieuse Mythologie; et quand enfin le palais fut bâti et digne du roi, Louis XIV, Colbert, le grand Condé, tous les maîtres du dix-septième siècle en prirent possession comme de leur demeure naturelle, et avec eux tous les grands esprits de cette belle époque, les rois de la pensée et de la poésie; et n'oublions pas d'autres puissances, qui voyaient à leurs pieds les rois aussi bien que les poëtes : Henriette d'Angleterre et mademoiselle de La Vallière, madame de Montespan et Anne d'Autriche. La poésie et la gloire militaire inaugurèrent le château de Versailles; Louis XIV le remplit de sa gloire, de ses amours, de son courage et des sévères préoccupations de sa vieillesse, si chargée de majesté, de tristesse et de résignation.

Le roi mort, après quelques années consacrées à l'enfance de son jeune successeur, le palais de Versailles ouvrit ses portes à un autre maître. Le jeune roi Louis XV, timide comme il était et dédaigneux de l'étiquette, dut se trouver mal à l'aise dans ces demeures, où toutes choses étaient uniquement préparées pour servir à la majesté royale; aussi ce fut là une grande révolution pour le château de Versailles, quand il lui fallut subir les enjolivements de madame de Pompadour. C'en est fait, toute cette grandeur, toute cette majesté, tout cet éclat, toute cette pompe, toutes ces magnificences dont s'entourait, en les ennoblissant encore, la majesté du roi Louis XIV, s'effacent et disparaissent peu à peu. L'art correct et le goût simple du grand roi, fait place à un ornement contourné, affecté, et plus joli que régulier et simple. Les batailles de Lebrun n'ont plus pour pendant que des bergères de Boucher. Louis XIV avait dit, en parlant des tableaux flamands : *Otez-moi de là ces magots!* Sous Louis XV, les magots furent en honneur. *Les petits appartements* remplacèrent les vastes galeries; le roi fut plus souvent dans le boudoir que dans la salle du trône; l'OEil-de-Bœuf même était désert, et l'escalier de marbre, au haut duquel le grand roi allait recevoir le grand Condé, ne fut plus foulé que par les petits pieds de la maîtresse royale. Louis XV mourut à temps pour que le palais de Louis XIV fût sauvé, non pas d'une ruine complète, mais d'une *restauration* complète, ce qui eût été plus triste qu'une ruine.

Mais déjà la royauté, affaiblie par tant d'imprudences et de malheurs, n'était plus assez grande pour remplir à elle seule cet immense palais. Le palais de Louis XIV ne pouvait convenir qu'à Louis XIV, Louis XVI se perdait déjà dans cette immensité. La reine Marie-Antoinette, si jeune et si belle, avait peur des souvenirs récents encore de ces grandeurs ; les jardins du Petit-Trianon lui convenaient mieux que l'Allée des Philosophes, où se promenaient Bossuet et ses amis. Dans ces jardins du Petit-Trianon se promenait seule, à pied, en robe blanche, la tête couverte d'un chapeau de paille, une femme jeune, belle et souriante : c'était la reine de France.

Enfin il y eut un jour où le peuple de Paris s'en vint chercher à main armée le roi et la famille royale. Le château de Versailles, rempli d'épouvante, ouvrit ses portes à une multitude furieuse. Le lendemain, le château était désert et la famille royale n'y devait plus rentrer.

Pendant la révolution, peu s'en fallut que le château de Versailles ne fût vendu pièce à pièce, arpent par arpent, comme on ferait pour le château d'un jeune gentilhomme ruiné par ses folies. Heureusement Bonaparte vint, qui sauva Versailles. Mais nous voici bien loin du nouveau Versailles et de la salle de 1792, le point de départ de l'histoire moderne. Entrons-y donc.

1792. La garde nationale part pour la frontière : elle n'est pas près de revenir. Dans les plaines de Jemmapes et de Valmy s'engagent les premières batailles du drapeau tricolore : vous pourrez distinguer dans la mêlée, à son courage, un des combattants de ces deux journées.

1793 arrive ; suivons la France au dehors, car au dehors tout est victoire et triomphe. L'armée française entre à Mayence; Namur, Anvers, Breda sont pris. Remarquez, au siége de Toulon, ce jeune homme qui prend la ville à lui seul. Déjà nous sommes à Chambéry. L'année suivante a aussi ses batailles et ses conquêtes : 1794, la bataille de Fleurus! 1795, prise de Luxembourg, bataille de Loano, prise de Bilbao; 1796, Arcole, cette bataille de trois jours; Rivoli, où se montra Joubert; Montésimo, qui se souvient de Rampon; Milan, Pavie, Crétone, Lodi, Mondovi, Montenotte, Castiglione, nobles victoires, filles jumelles de l'an de gloire 1796. L'année 1797 s'ouvre par la bataille de Rivoli; Serrurier s'empare de Mantoue; Ancône met bas les armes; le 15 février de l'année suivante l'armée française entre à Rome, enseignes déployées. Mais la gloire nous presse, quittons l'Europe pour l'Égypte : le général Bonaparte va si vite! 21 octobre 1798, *révolte du Caire*; 21 juillet, bataille des Pyramides; 8 mars 1799, combat de Beirouth. Bonaparte visite les pestiférés de Jaffa. C'est le tableau de Gros, un de ces chefs-d'œuvre que la restauration avait fait disparaître, et dont elle avait peur, comme l'empereur lui-même avait peur d'un buste de Louis XIV. — Halte de l'armée française en Égypte (1799). Allons encore, allons toujours.

Le dix-huitième siècle s'arrête enfin, étonné de tout ce qu'il a osé commencer, épouvanté de tout ce que le siècle suivant est destiné à accomplir. Ce général qui était tout à l'heure aux pieds des Pyramides, entre les cheiks Maânen, Mohammed, Soliman, vous le retrouvez maintenant au sommet du mont Saint-Bernard.—20 mai 1800, Marengo, passage du mont Saint-Bernard par l'armée française,

Turin. — Janvier 1802, Bonaparte premier consul. — Juillet 1803, le premier consul entre à Anvers. N'oublions pas ce jour mémorable, le 18 brumaire (9 novembre 1799); mais le moyen de ne rien oublier?

Maintenant, quittez un instant les champs de bataille pour la salle du *Sacre de l'Empereur*. C'est un chef-d'œuvre de David : c'est le plus beau jour de l'empereur et de Joséphine, impératrice des Français, reine d'Italie. Les quatre allégories de la salle sont peintes par Gérard. Ainsi chaque salle de ce vaste palais est disposée, tantôt selon l'ordre chronologique, quand il ne s'agit que des événements ordinaires de cette grande histoire; tantôt selon la grandeur et l'importance des événements, quand tout d'un coup la société française semble s'arrêter, pour tenter un nouvel effort. Alors, c'est le drame qui remplace l'histoire, c'est le récit épique qui prend la place de la narration ordinaire, ce sont les grands peintres et les grandes toiles que l'on met en avant, comme les plus dignes de représenter telle bataille qui aura décidé de la destinée d'un peuple, tel traité qui aura changé la face de l'Europe. Voilà comment, avec un peu d'étude, on retrouve la plus grande unité dans ce magnifique désordre.

Quittons la *salle du Sacre*, et suivons la grande armée et son général dans leurs triomphes. 18 mai 1804, le premier consul se fait empereur. 5 décembre, l'armée reçoit les aigles au Champ-de-Mars. 9 octobre 1805, l'empereur est roi d'Italie. Reddition d'Ulm. Capitulation de Memmingen. Passage du Rhin à Strasbourg. Prise du château de Vérone. Et enfin, Austerlitz! Austerlitz! Vive, vive à jamais l'empereur!

1806 amène sa gloire et ses conquêtes. Eylau, Berlin sont les deux fleurons de cette nouvelle couronne. 1807 présente l'empereur Alexandre à l'empereur Napoléon. La paix de Tilsitt, le 29 juillet. Le 1er juin, l'armée française entre à Dresde. 1808 nous donne Madrid, sanglante conquête. Ferdinand VII arrive Bayonne. Mort du maréchal Lannes; hélas! déjà notre bonheur se couvre d'un nuage : on a vu des larmes dans les yeux de l'empereur. 14 janvier 1806, mariage du prince Eugène de Beauharnais avec la princesse Amélie de Bavière, à Munich. 1er juin 1806, l'armée française à Dantzick. 25 octobre 1806, l'empereur au tombeau du grand Frédéric. 25 juin 1807, entrevue de Napoléon et d'Alexandre sur le Niémen. 8 juillet 1809, l'empereur Alexandre présente à Napoléon les Cosaques, les Baskirs et les Kalmoucks de l'armée russe. Entrée de la garde impériale à Paris après la campagne de Prusse (1809). Bombardement de Vienne, l'armée française traverse le Danube; prise de Ratisbonne, et enfin la bataille de Wagram, ce glorieux pendant de la bataille d'Austerlitz.

On ne saurait croire le grand effet que produit sur l'âme toute cette glorieuse histoire écrite ainsi sur la toile et sur le marbre, taillée dans la pierre, ou gravée dans le bronze, et renfermée dans le palais de Versailles. Vous avancez lentement dans ces victoires, retenu d'abord par la gloire et par les chefs-d'œuvre, et ensuite arrêté à chaque pas par le souvenir des désastres qui vont venir.

Vous êtes maintenant dans la salle de la nouvelle impératrice : Marie-Louise à Compiègne, 28 mars 1810. Que vous dirai-je? Vous savez la suite et la fin de cette terrible histoire : 1812, 1815, l'Espagne, la Russie, l'île d'Elbe, tous ces malheurs, toutes ces défaites, toute cette captivité. Le château de Versailles est aussi inexorable que l'histoire : il n'oublie aucune de nos gloires ; mais aussi il ne nous fait pas grâce d'une seule des vicissitudes de notre histoire. C'est ainsi qu'après le retour du roi Louis XVIII, vous voyez le roi partir une seconde fois pour l'exil ; c'est ainsi que le tableau de Gérard, le Sacre de Charles X, qui a été sauvé comme par miracle, et qui nous est rendu dans le château de Versailles, n'est pas loin de la Salle de Juillet. La salle de Juillet est une des plus belles du château ; elle prend jour sur la pièce d'eau des Suisses, et de ses fenêtres vous pouvez voir la statue de Napoléon qui était placée sur l'Arc de Triomphe du Carrousel. Cette Salle se compose de six grands épisodes des Trois Journées : *le roi à l'Hôtel-de-Ville, le Serment à la chambre des députés, la Distribution des drapeaux à la garde nationale, le Roi recevant M. le duc d'Orléans.* Le peuple héroïque des Trois Journées est le héros de cette salle ; et plus loin, dans une suite d'appartements plus modestes, vous retrouvez, non sans intérêt et sans émotion, l'histoire du roi de juillet et de sa famille : *le mariage du roi des Belges et de Louise d'Orléans ; l'Entrée du roi à Strasbourg,* 19 juin 1831 ; *la flotte française force l'entrée du Tage,* 11 juin 1831 ; *Prise de Bone ; Entrée de l'armée française en Belgique ; le Roi sur la rade de Cherbourg ; la garnison hollandaise sort de la citadelle d'Anvers, le Roi par-*

court Paris et visite les blessés, 6 juin 1832; *le Roi refuse la couronne de Belgique pour le duc de Nemours; les Ministres transportés à Vincennes*, M. de Montalivet étant ministre. Ainsi cette victoire de juillet a aussi sa galerie d'apparat et ses petits appartements : car vous ne savez pas que l'empire, dont vous croyez avoir contemplé toute l'histoire, vous attend encore dans une suite infinie de petites salles, appelées : *Salon des Gouaches.*

Dans le Salon des Gouaches vous avez l'histoire de France en miniature. Tous les plans de toutes les batailles, tous les épisodes, tous les accidents, tous les hasards, tous les bonheurs de ces illustres journées, sont réunis par ordre de date dans le Salon des Gouaches. Il y a telle bataille, la bataille de Wagram, par exemple, dont vous pouvez suivre le mouvement depuis la première heure du jour jusqu'à la dernière. C'est une fête d'un nouveau genre que vous avez sous les yeux. Ce n'est plus l'histoire dans son ensemble concis et hâté, c'est l'histoire dans ses infinis détails. Tout à l'heure, les grands peintres vous racontaient à force de génie la grande histoire, à la manière de Tite-Live; dans le Salon des Gouaches, l'histoire vous est racontée à la manière de César, par les acteurs eux-mêmes, qui ont joué leur rôle dans ces grands drames. Ce sera là, sans nul doute, la plus grande instruction qui se pourra donner aux jeunes aspirants à la gloire des champs de bataille. Tous les mystères de l'art des Condé, des Catinat et des Bonaparte y sont dévoilés et expliqués avec la plus minutieuse persévérance. Le vulgaire, qui ne veut que du spectacle, traversera en toute hâte le Salon des Gouaches. Le vieux soldat et le jeune soldat donneront, sur tous les autres tableaux d'apparat, une préférence marquée à ces petits tableaux d'une exactitude sévère. — J'y étais! dira le vieux militaire, en se cherchant lui-même dans ces colonnes pressées, où des milliers de soldats sont représentés par un point. — *Et moi aussi, je serai un grand capitaine!* s'écriera tout bas le jeune homme, dans un de ces durables moments d'enthousiasme et d'admiration qui ont révélé tant de héros.

Cependant rassurez-vous. Toutes les gloires et toutes les grandeurs de la France auront place sur ces murailles. Napoléon et la France moderne, bien que leur place y soit large, ne sont pas les seuls maîtres du château de Versailles. La vieille France et la vieille royauté n'ont pas été oubliées; elles éclatent, elles se révèlent de toutes parts. Ici Charlemagne *dicte ses Capitulaires ;* saint Louis *rend la justice à Vincennes;* là Duguesclin, mort, gagne *le château de Randon.* Le connétable de Richemond *reprend Paris sur les Anglais;* Louis XII *ne venge pas les injures du duc d'Orléans,* noble parole, qui pourrait servir de devise à sa famille. Plus loin, toujours dans la vieille histoire, *Henri III institue l'ordre du Saint-Esprit ;* Henri IV *tient l'assemblée des notables; Nicolas Poussin est présenté à Louis XIII; Mariage de Louis XIII et d'Anne d'Autriche; Création de l'Académie française;* et enfin Louis XIV! Il ne faut pas que le roi nous attende : entrons, s'il vous plaît, dans le *Salon des gardes de la reine.* Ici Louis XIV commence; vous pénétrez dans un monde nouveau. Ce ne sont plus les fortes têtes de l'empire, ce ne sont plus les visages sévères des temps plus reculés, c'est une grâce plus hautaine, c'est une majesté plus dédaigneuse, c'est la beauté d'un autre monde. Cette Diane chasseresse, plus belle que Diane, c'est madame la duchesse de Bourgogne; cette noble tête, si remplie de dignité et de résignation, c'est la reine Marie-Antoinette. Dans la salle suivante, le plafond est de Paul Veronèse; Louis XIV, à cheval, semble encore présider à toute cette grande histoire retracée sur les murs : *le doge de Gênes, Francesco, implore le pardon du roi; Namur rendu au roi, le 30 juin 1692;* madame la marquise de Montespan et madame la princesse de Soubise, et madame de Maintenon sont les reines de cette salle. Plus loin, dans le *Salon de la reine, le roi visite la manufacture des Gobelins ; le roi visite l'hôtel royal des Invalides; Baptême de Louis de France, fils du roi ;* et quels charmants portraits, le duc de Berri , Philippe V, roi d'Espagne; Marie-Louise, Élisabeth d'Orléans, duchesse de Berri , une Enfant qui tient des fleurs ! Dans la *Chambre à coucher de la reine, le Siége de Dôle, le Siège de Lille*, madame la duchesse de Bourgogne ; vous entrez alors dans le *Salon de la Paix*, la seule description du plafond pourrait fournir vingt pages de beau style. Cette fois, la *galerie des Glaces* est rendue à son état primitif : Louis XIV y peut venir, il trouvera sa galerie encore embellie. La *Salle du Trône* est remplie de portraits et de nobles têtes , grandes actions et doux visages. *Tournay rendu au roi,* 24 juin 1667 ; *Douay rendu au roi,* 6 juillet 1667. Henriette d'Angleterre, Louise d'Orléans, reine d'Espagne, Marie de France, reine d'Angleterre. La salle suivante avait nom : *Salle de Mercure*, l'histoire du grand roi s'y continue, *l'Académie des Sciences, le passage du Rhin*, Marie-Thérèse d'Autriche, reine de France; Anne d'Autriche, reine de France; la duchesse de Savoie; mademoiselle de Montpensier. Dans la *Salle de Mars*, *Siège de Luxembourg, Mariage de Louis XIV*, portraits du roi et de la reine; Henri de La Tour d'Auvergne, vicomte de Turenne, François de Vendôme, duc de Beaufort; Louis de Bourbon, prince de Condé; Henri d'Orléans, duc de Longueville; Jules de Mazarin. Les grands hommes arrivent après les belles personnes, la gloire après l'amour. Dans la *Salle de Diane*, Louis XIV encore et le grand Dauphin.

Dans le *Salon de l'Abondance*, Valenciennes, Charleroy, Fribourg. Courbez-vous! vous entrez dans la chambre de Louis XIV : le lit est orné de la draperie brodée par madame de Maintenon, le portrait de MADAME, cette noble Henriette d'Angleterre, est remis à sa place accoutumée. La balustrade d'or est fermée; sur le prie-dieu sont les *Heures* du roi; le couvre-pieds, coupé en deux morceaux, a été retrouvé, une moitié en Allemagne, l'autre moitié en Italie; les deux tableaux de chaque côté du lit représentent une Sainte Famille, de Raphaël; une sainte Cécile, du Dominicain; le plafond est de Paul Véronèse; il a été pris par Bonaparte dans la galerie du conseil des Dix. Les portraits au-dessus des portes sont de Van-Dick. Jamais la chambre royale ne fut plus splendide et plus brillante. Si plus loin vous entr'ouvrez cette porte, quelle austère retraite! Là s'agenouillait Louis XIV aux pieds de son confesseur. Plus loin encore, regardez en passant *le Sacre de Louis XV* et la *Bataille de Fontenoy*. Dans cet autre appartement, qui a conservé je ne sais quel triste aspect, malgré ses peintures riantes, expira, non pas sans peine ni sans regrets, le roi du dix-huitième siècle, le roi de Voltaire et de Diderot, le roi Louis XV. Tournez la tête : vous êtes au milieu de ses amours. Que de beautés, que de grâces, que d'esprit dans ces sourires ! Louis XVI aura son tour : *le roi envoie La Pérouse faire le tour du monde*, il distribue de sa main royale *des secours aux pauvres*, *dans l'hiver de* 1788. L'OEil-de-Bœuf n'est pas loin ; vous êtes au milieu de tous les poëtes et de toutes les illustrations du grand siècle. Là, comme autrefois, Bossuet est près de Racine, La Fontaine près de Despréaux, Molière près de Corneille. Vous retrouverez, dans une autre salle, d'autres gloires littéraires et philosophiques : Montesquieu, J.-J. Rousseau, Voltaire, Buffon, d'Alembert. Quiconque a de droit sa place marquée dans l'histoire de notre pays, a de droit aussi sa place dans le château de Versailles. C'est plus qu'un panthéon, car même les faibles et les vaincus ont leur entrée ; c'est moins qu'une biographie, car dans les biographies ordinaires, le crime tout seul vous donne une place. Chaque partie de ce vaste monument est disposée pour recevoir ses héros et ses hôtes. Voici la salle des grands amiraux de France : Florent de Varennes, 1270 ; Enguerrand, 1285, Matthieu de Montmorency, 1305 ; ils y sont tous jusqu'au duc d'Angoulême. Voici la salle des connétables et des maréchaux : Ollivier de Clisson, Jacques de Bourbon, comte de la Marche, Anne de Montmorency, connétables; Catinat, Villars, Jacques de Fitz-James, Lannes, Soult, Moncey, Macdonald, Mortier, Oudinot, Lobau, Maison, Gérard, Grouchy, Clausel, maréchaux; les uns et les autres, gentilshommes ou soldats, la gloire et l'orgueil de la France. Il y a aussi la *Salle des guerriers célèbres*, afin que ceux qui ont été oubliés dans les récompenses et dans les honneurs ne soient pas oubliés dans la gloire : Chevert, qui n'a pas voulu être chevalier du Saint-Esprit; Dumouriez, qui n'a pas été maréchal de France; Joubert, Hoche, Pichegru, Philippe de Custine, Rapp et les autres favoris de la victoire, qui sont morts dans la bataille avant d'en avoir reçu le prix. Patience, vous aurez aussi le *Salon*, ou plutôt la *Salle des États-Généraux*, les combats de la parole après les combats du glaive, Mirabeau en tête, et toutes ces scènes nobles et terribles autour de la tribune nationale, qui ont été de l'histoire dès le premier jour.

Il nous serait impossible à nous, leur historien, à nous qui les avons vues en détail et à plusieurs reprises, toutes ces merveilles, de vous les raconter même dans la plus grande confusion. Figurez-vous toute cette immense cité de marbre et d'or qu'on appelle le château de Versailles, remplie du haut en bas de tableaux, statues, peintures, bas-reliefs, meubles, bustes, emblèmes, drapeaux, faisceaux, aigles, fleurs de lis; figurez-vous que l'escalier, les vestibules, les cours, les moindres passages, sont remplis dans tous les sens des souvenirs de notre histoire. Figurez-vous que toutes nos batailles, tous nos combats sur terre et sur mer, que tous les châteaux, toutes les citadelles de la France, sont représentés sur ces murs. Figurez-vous enfin la chapelle royale rétablie comme au temps de Massillon et du *Petit-Carême*.

La salle de l'Opéra est rendue à toute sa magnificence. L'or et les peintures y éclatent de toutes parts : le roi Louis XV peut venir. Mais silence ! le roi Louis XIV ne va-t-il pas entrer dans la tribune dorée de sa chapelle ?

Toutes les magnificences de la chapelle sont rendues à leur éclat primitif. Là brillent encore, comme dans leur nouveauté, les vingt-huit statues de pierre ; le maître-autel est de marbre et de bronze ; les murs sont chargés de bas-reliefs ; la tribune du roi et la tribune de madame de Maintenon ont conservé leurs vitraux entourés de peintures ; la voûte porte encore le beau tableau de Coypel ; et enfin sont agenouillés encore aux deux côtés de l'autel, après en avoir été arrachés violemment, Louis XIII et Louis XIV, plaçant la France sous l'invocation de la Sainte-Vierge.

Mais ce qui est au-delà peut-être de toute cette magnificence, c'est la *galerie des Victoires*. Cette galerie a été trouvée par le roi Louis-Philippe dans de petits appartements obscurs, ignorés sans doute du roi Louis XIV. Elle a cent quatre-vingts pieds de plus que la galerie de Lebrun (*galerie des Glaces*), dont Louis XIV et son siècle étaient si fiers. Le roi appelle cette galerie la *galerie des Victoires* ; la France reconnaissante l'appellera la *galerie Louis-Philippe*. Dans ce magnifique espace, le roi a réuni toutes les grandes batailles de notre histoire, dans une admirable confusion : saint Louis, Duguesclin, Henri IV, Condé, Turenne, Vauban, Napoléon, ils y sont tous, et à leurs côtés, toute la France ancienne et moderne dans toutes sortes d'uniformes, qui prend sa part de gloire dans cette mêlée de géants. Et quand enfin vous vous croyez au bout de toutes ces merveilles, quand votre admiration lassée ne demande plus qu'à se reposer sous les ombrages vieillis de ces jardins, de tant de majestés et tant de grandeurs, un grand escalier se présente; vous montez, et vous vous trouvez dans un nouveau musée, qui occupe tout le second étage du palais. Là, vous voyez réunis tous les portraits de notre histoire. Tous ces grands hommes que vous avez vus jouer leur rôle dans ce grand drame qui se joue au premier étage du palais de Versailles, vous les retrouvez sur la toile. Ils sont là tous, dans toutes sortes d'appareils, ces grands hommes de la France; tous les rois, tous les princes, tous les ministres, et leurs enfants, et leurs femmes, et leurs petits-enfants, et leurs aïeux, et les aïeux de leurs aïeux, vieillards et jeunes gens, en uniforme ou en manteau d'hermine, reines et jeunes filles, la couronne au front ou couronnées de fleurs; orateurs et magistrats, prêtres et soldats, saintes dans le ciel ou beautés profanes sur la terre, savants et poëtes, pairs de France et laboureurs, ils sont là tous dans leur gloire et dans leur modestie, dans leur beauté et dans leur grandeur, dans leurs vertus austères ou dans leurs élégantes faiblesses, depuis Diane de Poitiers, jusqu'à madame de Pompadour, depuis Louis XVI jusqu'à saint Louis.

Telle est cette œuvre immense, qui n'avait pas de modèle dans le monde; voilà comment ce programme royal a été rempli : la gloire de la France renfermée dans le palais de Versailles ! Cette fois le cadre sera digne du tableau, le tableau sera digne du roi qui l'a signé. En moins de cinq ans, le roi Louis-Philippe aura achevé ce monument national ; il aura accompli à lui seul , et au milieu de tant de travaux , de tant de dangers et de tant de veilles, la plus grande idée qui ait été conçue à la gloire de la France , puisque aussi bien l'arc de triomphe de l'Étoile et la colonne de la place Vendôme, l'arc de triomphe que le roi a achevé, la colonne à laquelle il a rendu l'empereur, n'appartiennent qu'à notre gloire militaire.

Tel était le château sauvé par lui, que le roi devait inaugurer pour célébrer dignement le mariage du duc d'Orléans avec la princesse Hélène de Mecklembourg.

II.

Juin.

Cependant donnons au roi le temps de revenir de Fontainebleau ; chaque jour lui amène dans son palais de Fontainebleau de nouveaux hôtes.

On s'empresse autour de la duchesse d'Orléans, on veut la voir, on veut l'entendre ; il faut parcourir ces vastes jardins, il faut se promener dans la forêt. Le soir, au théâtre, la musique de Rossini remplace le vieil et naïf esprit de Sedaine et toutes les élégances de Marivaux ; le lendemain arrivent au palais des députations, qui accourent de tous les villages voisins : maires ; juges de paix, magistrats du département, gardes nationales, ils sont reçus dans le palais de François Ier. Le dernier jour, à trois heures, le roi, le roi des Belges, les deux reines, madame la grande-duchesse, M. le duc et madame la duchesse d'Orléans, madame Adélaïde et toute la famille royale, vont visiter le camp placé au bas de la forêt. Aussitôt le camp se lève comme un seul homme, le tambour bat aux champs, la musique guerrière se fait entendre. — *Vive le roi! vive le roi!* Arrivés à l'entrée du camp, le roi et la famille royale mettent pied à terre, et au milieu des acclamations, des vivat, des drapeaux agités par le vent, à travers ces tentes pavoisées de flammes tricolores et soutenues par des trophées d'armes, le roi s'avance suivi de ses officiers. Après le roi venaient le duc d'Orléans et sa jeune épouse. Les soldats, jeunes et vieux, les entouraient avec un empressement avide. Le duc et la duchesse avaient pour chacun d'eux un sourire, un regard, une bonne parole. Parmi les mille devises des soldats, la princesse Hélène voit à ses pieds, sur le gazon, écrit avec des fleurs : — *Vive la princesse Hélène!* et avec cette grâce qui lui est si naturelle, la jeune princesse ramasse une de ces fleurs, qu'elle a placée à sa ceinture, en signe de gratitude et de souvenir. Nous vous laissons à juger de l'enthousiasme et de l'allégresse des soldats !

Tout à coup, derrière la tente du colonel, un chœur de cinquante musiciens se fait entendre : la princesse s'arrête, émue et charmée. Ce sont là en effet les harmonies de la patrie allemande! Ainsi chantait le bon peuple du Mecklembourg, quand il perdit sa bonne princesse! Cette touchante mélodie, accompagne la princesse sur les hauteurs du *Calvaire*, dans les taillis harmonieux, sous les roches sonores : tantôt c'étaient des voix françaises, tantôt des voix allemandes ; tantôt s'élevaient en joyeuses fanfares les trompettes du colonel Brack ; on eût dit quelque forêt enchantée, et il fallut que madame Damoreau, qui chantait le même soir, déployât toute sa grâce et tout son charme pour faire oublier aux augustes auditeurs la musique de la forêt.

Le samedi 3 juin, le roi reçut les adieux de toute la ville; il parcourut une dernière fois son château de Fontainebleau, suivi de ses deux conseillers intimes en ces sortes de travaux, M. Fontaine et M. de Cailleux; il s'arrêta quelque temps dans la galerie de François Ier, et il ordonna qu'elle fût rendue au plus vite à son ancienne magnificence : noble et illustre galerie, bien digne en effet de tant de sollicitude royale.

Ainsi pendant huit jours les yeux de la France et ceux de l'Europe ont été fixés sur ce vieux château, que les arts ont pris plaisir à rajeunir depuis quatre ans, et dont le mariage de M. le duc d'Orléans semble rattacher l'antique et vénérable histoire à l'avenir éclatant promis à sa royale dynastie. Il faut dire aussi que jamais plus d'ordre n'avait signalé de plus pompeuses cérémonies; que jamais hospitalité plus magnifique n'avait été réglée avec plus de sagesse, plus de discipline, plus d'accord et plus d'ensemble dans les innombrables rouages qu'il a fallu mettre en mouvement. Tous ceux qui ont été admis aux fêtes de Fontainebleau le reconnaissent; tous ont rapporté de cette *villegiature* royale un sentiment tout à la fois de surprise et d'admiration pour l'excellente direction qui règle avec si peu de bruit une machine si compliquée; tous rendent justice aux officiers du roi, et en particulier à M. le général Athalin, pour le zèle qu'ils déploient, pour leur sollicitude, qui prévoit tout, pour leur urbanité, qui cache sous des dehors si courtois une fermeté si vigilante. Et enfin, pour citer une autorité que personne ne récusera

M. le prince de Talleyrand disait en quittant Fontainebleau : « J'ai assisté à bien des fêtes splendides ; j'ai vécu
» dans toutes les maisons royales de l'Europe, mais je
» n'ai jamais vu suffire avec autant de magnificence, au-
» tant d'ordre et autant de goût, à un service aussi nom-
» breux, aussi compliqué et qui ait duré si longtemps. »
Cet éloge résume et remplacerait, au besoin, tous les éloges.

III.

Entrée du Roi à Paris.

Il faut remonter aux époques les plus mémorables des premières années de la révolution de juillet; il faut se rappeler l'admirable enthousiasme qui accueillait, au sein de la population parisienne, le roi qu'elle avait élu sur ses barricades; il faut se reporter par la pensée et presque par l'imagination, tant cette époque semblait désormais loin de nous! à cette grande et décisive revue de la garde nationale de Paris, au Champ-de-Mars, à la fin du mois d'août 1830, pour se former une idée de l'accueil que réservait la ville de Paris à la princesse Hélène de Mecklembourg, à l'épouse du prince royal, à la fille de notre monarque constitutionnel!

Mais tout Paris l'a vu, tout Paris a assisté à l'entrée de la duchesse d'Orléans dans ses murs; et Dieu nous garde d'affaiblir par nos réflexions cet enthousiasme immense! Nous ne voulons que raconter, en historien fidèle, ce que nous avons vu nous-même; nous voulons montrer

Paris tout entier saisissant l'occasion de témoigner à son roi le dévouement passionné que tant de calomnies n'avaient pas altéré, quoique les terreurs de la politique l'eussent contraint à se taire; nous voulons montrer Paris renouant plus fortement que jamais des liens que la violence des factions n'avait pu briser! Car tel est le résultat de cette grande journée. Ce n'est pas seulement la princesse royale qui est entrée aux Tuileries, qui a été confiée au dévouement et à l'honneur de notre généreuse population; c'est le roi qui a été rendu à la France, c'est la liberté qui a été rendue au roi; c'est la révolution de juillet qui a retrouvé les conditions d'existence de la constitution monarchique, la sécurité du roi fondée sur la confiance hautement manifestée des citoyens. En effet, quel avenir pouvait se promettre un pays où tout le monde était libre, excepté le roi? La liberté rendue à la personne royale, c'est la France qui commence à se reposer dans le présent et à croire à son avenir!

La veille encore tout le monde ignorait dans Paris la convocation officielle qui devait être adressée le matin même à la garde nationale; et dès le matin tout Paris était en mouvement, et la garde nationale envoyait au rendez-vous assigné à ses détachements le double des hommes qu'on lui demandait. En quelques heures une immense ligne de citoyens armés, commencée à l'arc de triomphe de l'Étoile, venait aboutir au pavillon de l'Horloge, dans un espace dont on ne saurait dire la magnificence et l'étendue. De l'autre côté de l'avenue, la troupe de ligne s'était rangée sur trois rangs de profondeur et sans interruption entre la barrière et les Tuileries. Cependant la foule arrivait de toutes parts, la foule parée, joyeuse, la foule des jours de fêtes ; de brillants équipages se succédaient dans les allées laissées libres de chaque côté de la route de Neuilly ; le bois de Boulogne se remplissait de curieux ; une affluence considérable couvrait les talus, montait sur les toits, se pressait aux fenêtres des maisons, se multipliait et s'agglomérait sur tous les points, dans un rayon de plus de deux lieues. Un soleil magnifique brillait au ciel et promettait le plus beau jour.

La famille royale avait quitté Fontainebleau le matin, à huit heures, et partout sur sa route, à Chailly, à Ponthierry, à Essonne, à Lonjumeau, elle avait recueilli les témoignages les plus bruyants de l'enthousiasme des populations ; partout les gardes nationales attendaient le roi, et saluaient la jeune duchesse des plus vives acclamations. Le roi, après avoir distribué des croix à la garnison de Fontainebleau, avait congédié les officiers à quelque distance de la ville.

A Essonne, S. M. avait été reçue par M. de Salvandy, ministre de l'instruction publique, par madame de Salvandy et sa famille, et les princesses avaient accepté des fleurs offertes par les jeunes filles. A la croix de Berny, S. M. avait trouvé un détachement de la 3e légion de la banlieue, rangé sur la route, et l'avait passé en revue. M. Vigier, chef de bataillon et député, et le brave général Blin, blessé aux côtés du roi en juillet 1835, s'étaient présentés à S. M., qui les avait accueillis avec bienveillance. Ensuite le cortége royal avait traversé le bois de Meudon. A quelque distance en avant de Saint-

Cloud, et du haut d'un coteau d'où la vue s'étend sur le plus délicieux paysage, madame la duchesse d'Orléans avait, pour la première fois, aperçu Paris, Paris au loin, s'étendant comme une vaste carrière dans la brume de l'horizon, réfléchissant sur les masses grises de ses bâtiments et sur les dômes de ses églises les rayons du soleil de midi; à cette vue, S. A. R. n'avait pu cacher son émotion, et ses yeux s'attachaient à ce simulacre lointain de la grande ville avec une curiosité pleine d'expansion et d'espérance. Cependant les voitures étaient arrivées à la grille de Saint-Cloud; et après un repos de quelques heures, le roi, accompagné de sa famille, s'était remis en route et s'était dirigé sur Paris. Il était trois heures et demie quand S. M. s'arrêta sur la route de Neuilly, à l'endroit où ses chevaux et ses équipages de ville l'attendaient.

A ce moment, la foule avait formé sur la route une confusion impossible à décrire. Il y avait plusieurs lignes de voitures se croisant les unes avec les autres, une masse considérable de piétons sur la chaussée et sur les bas-côtés du chemin; toute police paraissait impuissante à établir un peu d'ordre au milieu d'une pareille affluence. Pourtant le roi avait quitté sa voiture de voyage, et il était déjà à cheval; M. le duc de Nemours et M. le prince de Joinville étaient à ses côtés; derrière lui, les ministres, les maréchaux, un grand nombre de généraux, ses aides-de-camp et ses officiers; suivait une calèche, dans laquelle étaient la reine, la duchesse d'Orléans à sa gauche, madame Adélaïde et la grande-duchesse en face, les jeunes princesses sur la troisième banquette; M. le prince royal était à cheval à la portière de la reine, M. le duc d'Aumale à la portière de madame la duchesse d'Orléans; les dames de la reine et des princesses remplissaient les voitures de suite.

Le cortége s'est mis en marche, et s'est bientôt trouvé entre les deux haies formées par la troupe de ligne et la garde nationale, en avant de l'arc de triomphe. Arrivé sous le monument, le roi s'est arrêté. M. le préfet de la Seine, à la tête du conseil municipal et des principales autorités du département, attendait S. M., et lui a adressé un discours auquel le roi a immédiatement répondu avec un admirable bonheur d'expression : « ..... La ville de
» Paris connaît mon affection pour elle! Je suis heureux
» et fier de lui présenter ma fille d'adoption. Les Parisiens
» l'aimeront. Elle en est digne par les qualités de son
» cœur et de son esprit. — Quant à moi, vous le savez,
» messieurs, a ajouté le roi, en élevant la voix pour do-
» miner le bruit des applaudissements et le tumulte causé
» par les piétinements des chevaux, qui retentissaient
» sous la voûte, vous savez que j'ai voué ma vie au bon-
» heur de mon pays. Je serai toujours fidèle à sa gloire,
» à son honneur, à sa liberté! »

Nous n'essaierons pas de peindre l'effet de ces entraînantes paroles du roi sur l'immense foule qui l'entourait. Il suffit de se représenter par la pensée le lieu de la scène.

C'était un spectacle magnifique! Le roi constitutionnel inaugurait enfin, au nom d'un peuple libre, l'admirable trophée de nos victoires de quarante ans; et, suivi par les vieux maréchaux de l'empire et par ses jeunes enfants, il semblait conduire sous ces voûtes magnifiques le triomphe des grands souvenirs et des plus chères espérances de la patrie!

Le roi est alors entré dans Paris, et a suivi le milieu de la chaussée de l'avenue de Champs-Élysées jusqu'aux Tuileries, au milieu d'acclamations non interrompues. Les bas-côtés de la route étaient garnis d'une multitude innombrable qui mêlait ses cris à ceux de la garde nationale et de l'armée. Le roi remerciait de la voix et du geste; madame la duchesse d'Orléans saluait tour à tour les légions, les troupes et la foule, avec une émotion facile à comprendre. Arrivé en face du pavillon de l'Horloge, le cortége royal s'est arrêté; le roi s'est tourné et a fait face à l'obélisque; la calèche de la reine s'est rangée à droite, le long de la grille du jardin réservé. Quelques instants après le défilé a commencé. Il a duré deux heures. Les troupes débouchaient dans les Tuileries par la grille du pont-tournant, suivaient la grande avenue dans toute sa longueur, tournaient à droite entre le bassin et la terrasse du bord de l'eau, et défilaient par compagnies, aux cris mille fois répétés de : *Vive le roi!* Souvent les gardes nationaux s'arrêtaient devant la calèche des princesses pour saluer madame la duchesse d'Orléans; un grand nombre d'entre eux avaient des bouquets au bout de leur fusil; tous les visages témoignaient l'allégresse la plus vive et le plus sincère enthousiasme. Le prince royal s'est constamment tenu à cheval à la droite de la reine, et il donnait à madame la duchesse d'Orléans tous les renseignements nécessaires à l'intelligence de cette grande et nationale solennité.

Le jardin des Tuileries était rempli de monde, comme

aux jours de fête. Les troupes circulaient au milieu de la foule, le long des marronniers et des lilas en fleurs; les armes reluisant au soleil, les panaches agités par le vent, l'obélisque se dressant dans le lointain entre d'immenses masses de verdure, les terrasses pliant sous la foule qui les couvrait, l'arc de triomphe de Napoléon dominant à une extrémité cette scène imposante, qui avait pour limite, à l'autre extrémité, l'antique siége de la monarchie française, devenu l'écho sonore des cris d'allégresse et d'amour qui saluaient l'arrivée d'une jeune princesse, voilà la scène, la décrive qui pourra.

À six heures et demie, le défilé terminé, LL. MM. sont rentrées aux Tuileries. Le roi a conduit madame la duchesse d'Orléans dans ses appartements, situés au pavillon Marsan, et qui ont été décorés avec une magnificence pleine de goût. La princesse, qui depuis son entrée en France n'a pas cessé de marcher de surprise en surprise, a paru charmée de l'attention délicate et du soin ingénieux qui ont présidé à l'arrangement de toutes choses dans la partie du palais qu'elle doit habiter.

S. A. R. s'est ensuite rendue dans la salle du banquet, où la famille royale était réunie. A ce moment une foule considérable, réunie sous le balcon du pavillon de l'Horloge et répandue dans tout l'espace qui s'étend entre les parterres, témoignait par ses cris le désir qu'elle éprouvait de voir le roi. Le roi a paru, et une immense acclamation a salué son arrivée; ensuite S. M. a pris madame la duchesse d'Orléans par la main, et l'a présentée à la foule. De nouveaux cris, ou plutôt un seul cri a retenti dans toute l'étendue et par-delà les grilles du jardin, et s'est soutenu avec une force incroyable pendant plusieurs minutes. La princesse saluait avec une grâce infinie, et témoignait par ses gestes l'émotion qu'elle ressentait d'une si admirable réception; et elle disait au roi : « Sire, voilà un accueil tout français ! »

Le roi s'est mis à table à sept heures et demie, entre madame la duchesse d'Orléans et la reine des Belges. Le roi Léopold était placé entre la reine et madame la princesse Adélaïde. M. le président du conseil était à côté de la reine, M. le maréchal Lobau à côté de madame la princesse Adélaïde, M. le garde des sceaux à la droite de la princesse Clémentine, M. le chancelier de France et M. le duc de Dalmatie à côté de M. le duc de Nemours, M. le préfet de police à côté du duc d'Aumale. La table était de deux cents couverts, et s'étendait dans la galerie de Louis-Philippe et dans la salle des Maréchaux.

A la fin du second service, vers huit heures et demie, le roi, instruit que la foule n'avait pas quitté le jardin, et que, loin de diminuer, elle s'accroissait incessamment, s'est levé de table, suivi de la famille royale, et il a paru de nouveau sur le balcon, tenant par la main la duchesse d'Orléans. Cette nouvelle apparition du roi et de S. A. R. a été le signal d'une nouvelle et plus vive explosion. Le roi, visiblement ému, s'est alors avancé la tête hors du balcon, et il a crié à la foule d'une voix forte : « Je vous remercie de tout mon cœur, mes amis ! je suis bien sensible à votre accueil..... » Le roi allait continuer : les cris, les acclamations de la multitude l'ayant interrompu, il a quitté le balcon au bout de quelques instants. M. le duc d'Orléans vint saluer la foule à son tour, et fut accueilli avec le même enthousiasme. L'heure de la retraite ayant sonné, le peuple s'écoula tranquillement, et le Roi vint se mêler aux groupes de ses convives, officiers de la garde nationale, maires de Paris, états-majors, tous représentants de cette grande cité, qui venait de ratifier de sa voix puissante le contrat signé à Fontainebleau.

IV.

Ce fut le 12 juin. A peine la France tout entière venait-elle d'adopter la nouvelle duchesse d'Orléans, que le roi Louis-Philippe Ier ouvrit de sa main royale les portes du vieux palais de Louis XIV, la foule s'y est précipitée à sa suite; le premier jour, les pairs de France, les députés, les maréchaux, les magistrats, les hommes de lettres, les artistes, les chefs de nos milices nationales, convoqués par le Roi comme les représentants des opinions et des sentiments du pays; le lendemain, le peuple, avec son admiration naïve, sa vivacité généreuse, sa joie expansive et entraînante.

Nous allons essayer de raconter la fête du 10 juin; mais nous ne prenons pas l'engagement téméraire de reproduire l'émotion qu'elle nous a causée, à nous et aux deux mille invités du Roi. Nous renonçons aussi à décrire l'admirable spectacle que nous avons eu sous les yeux. La fête du 10 juin nous a convaincu, plus qu'aucune autre expérience dans notre vie, qu'il est des impressions qu'aucune langue ne peut rendre, des tableaux qu'aucune description n'égale, des émotions qui défient jusqu'à la puissance du souvenir. Fête des arts et de l'imagination du peuple le plus spirituel de la terre, triomphe de l'histoire nationale, gage d'alliance entre des partis qu'un même culte peut désormais réunir dans le même temple, symptôme d'apaisement politique, apothéose de tous nos grands hommes et consécration de toutes nos gloires, sublime leçon de magnanimité, de philanthropie et de tolérance donnée par le roi d'une révolution à ses partisans et à ses adversaires, l'inauguration du Musée historique de Versailles est un événement immense chez un peuple que tant d'esprits chagrins accusaient de retourner à la barbarie par ses mœurs et à l'anarchie par ses lois ! C'est une mémorable réponse à ceux qui défiaient la liberté française d'être féconde, et la royauté constitutionnelle d'être puissante ! C'est un éclatant démenti à ceux qui, trop préoccupés des crimes de quelques fanatiques, perdus dans l'unanime exécration du pays, osaient accuser la France de déchaîner les assassins et d'emprisonner son roi ! Le Roi répond à ces clameurs en ouvrant toutes grandes, les portes de son palais et en conviant à sa table deux mille représentants de cette glorieuse France, calomniée par tous ceux qui ne comprennent pas, ou qui comprennent trop, tout ce qu'elle renferme de générosité et de sagesse, tout ce que son génie lui promet de puissance, de grandeur et d'avenir !

Tel est le sens politique de la fête de Versailles; et c'est parce que le Roi a compris ce qu'il y avait d'imposant dans ce spectacle d'un peuple ainsi rallié autour des images de ses grands hommes et des souvenirs vivants de son histoire; c'est parce qu'il a senti ce que donnait de force au présent ce culte des gloires séculaires et des belles actions du passé, qu'il a voulu prêter à l'inauguration de Versailles tout l'éclat éblouissant de sa couronne, et qu'il a semé l'or, prodigué le luxe, répandu la lumière d'une main si royale et si magnifique! Si la solennité du 10 juin n'était qu'une fête, elle aurait encore effacé tous les souvenirs de ce genre qui remplissent le palais de Louis XIV; car nous n'avons rien trouvé de plus brillant dans les récits des chroniqueurs enthousiastes de cette époque d'augustes divertissements et de royales féeries. Mais c'est une pensée plus sérieuse qui a ordonné les magnificences inouïes que nous avons vues et qui laissent nos yeux encore éblouis, notre esprit confondu, notre plume impuissante; c'est la pensée, disons-le hautement, qu'un tel éclat rejaillirait du trône sur le pays, et que les rayons de cette splendeur royale, au lieu de se concentrer comme autrefois dans l'enceinte des *grands et petits appartements*, iraient se répandre sur toute cette série de souvenirs nationaux, sur toutes ces têtes illustres, devancières de la gloire, de la civilisation et de la liberté française, que le respect d'un roi, leur digne héritier, a réunies dans son palais, où l'admiration reconnaissante du peuple viendra les contempler et les bénir.

Entrons maintenant avec le Roi, avec la France, dans le palais de Louis XIV.

Qu'on se figure donc un immense bâtiment, la face à l'ouest, d'une architecture imposante, s'appuyant sur deux grandes ailes qui se déploient, au nord et au midi, avec une grâce et une légèreté merveilleuses; — dans l'aile de droite, au rez-de-chaussée et au premier étage, deux vastes séries de salles magnifiques, recevant la lumière à flots; et sur les murailles, aussi serrés que les grands noms sur les pages de notre histoire, des tableaux qui représentent toute la suite de nos annales depuis l'origine de la monarchie jusqu'à nos jours, depuis Clovis jusqu'à Louis-Philippe, en passant par la Révolution, l'Empire, la Restauration; on n'a déchiré que les pages qui auraient perpétué la mémoire de nos discordes civiles; — parallèlement aux salles de peinture, deux galeries de statues et de bustes, l'histoire de France en marbre; dans les embrasures des croisées, les tombeaux de tous ces rois que vous venez de quitter pleins de vie, et la mort sculptée sur toutes ces pierres et sous toutes les formes, comme la suprême leçon de toutes les grandeurs de la terre; — aux deux extrémités de ces galeries, la chapelle et le théâtre, l'église et l'opéra, les saintes pompes et les joies profanes; partout le marbre et l'or, les girandoles étincelantes, les riches peintures, tous les reflets, toutes les couleurs, une profusion d'ornements à décourager toute description; partout la magnificence d'un roi; ici, pour honorer Dieu et élever l'âme au ciel; là, pour illustrer les jeux de la scène et les fêtes de la poésie, des arts et du goût.

Entre les deux ailes, au premier étage du bâtiment central, le siècle de Louis XIV tout entier, brillant, paré, glorieux: ses guerriers, ses grands seigneurs, ses grandes dames, ses grands peintres, son grand roi; car tout est grandeur dans cette merveilleuse série d'appartements. Une galerie de trois cents pieds de longueur règne dans toute l'étendue de la façade qui regarde l'ouest; à droite et à gauche, une suite de grandes salles qui s'appuient perpendiculairement aux deux ailes. C'est au premier étage que vous trouverez les appartements de Louis XIV, l'OEil-de-Bœuf, la chambre du Lit, le cabinet du Roi, la salle des Pendules; et sur toutes les murailles, les chefs-d'œuvre de Vander-Meulen, de Coysevox, de Lebrun, l'histoire du siècle animée, vivante, avec la fraîcheur et le coloris d'une immortelle jeunesse. Au rez-de-chaussée du même bâtiment, toute la succession des grands amiraux de France, les connétables, depuis Albéric de Montmorency jusqu'à Lesdiguières; les maréchaux, depuis le maréchal Pierre, créé par Philippe-Auguste, jusqu'à Grouchy; les guerriers célèbres morts avec les épaulettes de général : Kléber, Carnot, Lasalle, Junot, Foy, La Fayette, et tant d'autres.

Mais hâtons-nous, le temps nous presse; il nous reste à donner le plan de l'aile du midi. Nous traversons, avant d'y entrer, l'immense salle du Sacre de Napoléon, qui termine de ce côté, au premier étage, la série des appartements du bâtiment central. Nous voici dans la salle de 92, vestibule sacré qui nous conduit à la grande galerie des Batailles. Nous ne décrivons pas, nous traçons des lignes. Si nous pouvions décrire, quel tableau à peindre que cette galerie colossale, qui a près de quatre cents pieds de long sur plus de cinquante de large, et qui reçoit du haut, par une immense voûte de verre placée à une élévation prodigieuse, la plus riche et la plus éclatante lumière; magnifique panthéon militaire où brillent toutes les victoires qui ont immortalisé nos armes, depuis Tolbiac jusqu'à Wagram; où l'on voit Charles Martel devant Tours, Charlemagne à Paderborn, Philippe-Auguste à Bouvines, saint Louis à Taillebourg, Philippe de Valois à Cassel, Jeanne d'Arc devant Orléans, Charles VIII à Naples, François Ier à Marignan, Henri IV à Paris, Condé à Rocroy, Catinat à la Marsaille, Villars à Denain, Maurice de Saxe à Fontenoy, Rochambeau devant York-Town, la République et Jourdan à Fleurus, l'Empire et Napoléon à Austerlitz, à Iéna, à Friedland, à Wagram. Mais nous passons : à l'extrémité de cette galerie est la salle consacrée à la Révolution de Juillet; en retour et parallèlement, une troisième galerie de sculptures. Enfin, au rez-de-chaussée, nous parcourons douze salles contenant la série des campagnes de Napoléon, de 1796 à 1810; puis nous traversons la grande salle de Marengo, qui termine le bâtiment, et nous revenons enfin par une quatrième galerie de sculptures : ce sont les statues des hommes célèbres depuis 1790 et les bustes des généraux tués sur le champ de bataille.

Tel est le plan du palais inauguré par le Roi dans la journée du 10 juin. Qu'on se figure maintenant sur toutes ces murailles, entre tous ces tableaux, dans ces embrasures, sous ces voûtes, sur ces plafonds, une profusion de bronzes, de lustres, d'ornements peints, sculptés, ciselés avec un art infini; des arabesques se jouant entre les grandes masses de peinture, des chroniques écrites avec le pinceau entre d'immortelles pages d'histoire; un goût, une élégance, un luxe, une recherche, une magnificence dans tous les détails qui les lient admirablement à l'ensemble ; et puis placez ce beau palais au milieu des jardins de Le Nôtre, entre ces forêts de verdure éblouissante et ces eaux qui murmurent, et ces lacs qui s'étendent sur la lisière des bois ; faites reluire l'ardoise de ses toits et le cristal de ses croisées sous les plus chauds rayons du soleil (car le soleil du 1er mai et du 4 juin 1837 n'a pas manqué non plus à l'inauguration de Versailles!) et enfin représentez-vous autour du château la foule qui ne doit entrer que demain, déjà avide de voir, impatiente de connaître, qui assiége ses murs et se presse à ses portes, qui les observe, les interroge, qui suit des yeux les mouvements de cette autre foule plus heureuse, admise dans l'intérieur, cortége brillant qu'un roi dirige dans les mille détours d'un labyrinthe de tableaux ; — et vous aurez une idée, quoique bien faible encore, de la scène où va se jouer le brillant drame qu'il nous reste à vous raconter.

A dix heures, les portes du Musée de Versailles avaient été ouvertes aux invités du Roi, et, d'heure en heure, les galeries se remplissaient. On s'arrêtait dans la salle du Sacre et dans celle de 1792; la galerie des Batailles se peuplait; les salles de l'Empire attiraient la foule. Toute la portion du bâtiment central destinée au banquet avait été interdite à la circulation; mais l'espace laissé aux hôtes du Roi était immense, et aucun encombrement ne gênait la curiosité, ne contrariait l'admiration.

L'admiration était générale : chez les uns elle éclatait en gestes de surprise et en paroles bruyantes; chez d'autres elle ressemblait à cette sorte d'éblouissement qui tient de l'impression produite par l'éclat soudain d'une vive lumière au milieu d'une nuit profonde ; chez quelques-uns, nous le racontons pour l'avoir vu, elle provoquait des larmes. Nous avons vu pleurer de vieux généraux devant *les grandes choses qu'ils avaient faites*, comme disait l'empereur Napoléon dans la cour d'un autre château royal. Larrey pleurait en voyant revivre sous ses yeux la grande armée, en retrouvant ses héros d'Aboukir, ses ambulances héroïques et ses intrépides blessés. Charlet ne pleurait pas, mais sa moustache se hérissait de plaisir et d'émotion ; jamais il n'avait vu tant d'illustres *grognards*, tant de coups de sabre, tant de charges à fond, tant de fumée et tant de bruit. Les peintres s'arrêtaient d'aise devant ces grandes peintures exhumées de la poussière des greniers du Louvre, et que la plupart d'entre eux ne connaissaient que de réputation. Les savants cherchaient les dates, les gens de lettres les devinaient ; les hommes politiques semblaient émus, et les députés de l'opposition applaudissaient.

Nous avons rencontré M. Odilon Barrot dans la salle de 1792 ; il paraissait préoccupé d'une sérieuse pensée, et son visage portait la trace d'une profonde émotion à la vue de tous ces héros de la France révolutionnaire, hier soldats ou sous-lieutenants, aujourd'hui maréchaux ou rois : ici Bernadotte, Jean-de-Dieu Soult, Murat, Joubert ; là Sébastiani, Marceau, Gérard, Oudinot, l'héroïque Ney et Louis-Philippe d'Orléans, aide-de-camp dans l'armée qui sauva la France, tout-à-l'heure exilé, un jour roi sous le même drapeau qui le vit soldat. Presque tous ces braves sont partis le fusil sur l'épaule, et ils ont délivré le pays ; et le pays reconnaissant leur a donné des grades,

des titres, des cordons, des couronnes. Autrefois il fallait plaire à la cour; aujourd'hui servez bien la France, c'est elle qui assigne les rangs et qui donne des places dans la gloire et dans le Panthéon de Versailles. — Telle est l'admirable inspiration qui a fondé la salle de 1792. C'est le triomphe du peuple écrit sur les murs d'un palais par la main d'un roi. Aussi M. Odilon Barrot disait en quittant cette salle : « Pour moi, tout Versailles est là ! »

Versailles est ailleurs aussi; Versailles restauré est à son tour, et à toutes ses pages, le commentaire éloquent de cette pensée nationale. Mais voici le Roi lui-même; suivons-le; il nous l'expliquera.

A trois heures, le Roi était arrivé à Versailles; la Reine, le roi et la reine des Belges, M. le duc et madame la duchesse d'Orléans, madame la princesse Adélaïde, toute la famille royale accompagnait S. M. — Le Roi était, ainsi que ses deux fils aînés, en uniforme d'officier-général, M. le prince de Joinville en lieutenant de vaisseau, M. le duc d'Aumale en sous-lieutenant d'infanterie légère, M. le duc de Montpensier en artilleur. La Reine, madame la duchesse d'Orléans, S. A. R. madame la princesse Adélaïde portaient de magnifiques diadèmes en diamant; la reine des Belges et les deux princesses ses sœurs avaient une robe de soie rouge des Indes, d'un éclat admirable, et une plume rouge flottant sur la tête. Rien de comparable à l'exquise élégance de cette parure, si ce n'est la grâce qui en relevait l'éclat et le prestige. Toutes les dames de LL. MM. et de LL. AA. RR. étaient en grande toilette de cour. Jamais la suite du Roi n'avait été plus brillante.

Le Roi a monté les degrés de l'escalier de marbre. Le vestibule, le palier, les salles voisines, étaient remplis d'une foule immense; et à la vue du Roi et de la famille royale, de vives acclamations, retentissant de toutes parts, avaient frappé tous les échos du palais. S. M. paraissait fort émue, et saluait de la voix et du geste. Cependant le cortége royal se dirigeait vers la galerie des Batailles, et toute la foule l'y suivait. Arrivée là, S. M. s'est arrêtée quelque temps et s'est entretenue avec un grand nombre de personnes.

L'affluence était considérable, et se perdait pourtant dans les immenses proportions de la salle. Excepté quelques députés, tous les hommes étaient en costumes d'une variété, d'une richesse et d'un éclat remarquables. Plusieurs artistes portaient l'habit brodé d'or, la culotte et l'épée. M. Dupin aîné, décoré du grand cordon de la Légion-d'Honneur, et portant, comme Bonaparte à son retour d'Égypte, le simple habit de l'Institut, semblait avoir sacrifié avec un désintéressement parfait le président de la chambre au collègue de M. Horace Vernet. De leur côté, les vice-présidents de la représentation nationale portaient tous, le costume de député.

M. le duc d'Orléans avait chargé un de ses aides-de-camp de lui présenter les artistes et les hommes de lettres après que S. M. les avait entretenus; et à son tour S. A. R. les conduisait devant la princesse royale, qui, les connaissant tous par leur nom et par leurs œuvres, paraissait prendre un vif plaisir à les voir et à les interroger. Plusieurs académiciens ont été ainsi l'objet du bienveillant empressement de la princesse, qui n'a pas mis moins de bonne grâce à accueillir des noms célèbres auxquels cette distinction manque encore. M. Victor Hugo et M. Alexandre Dumas, remarqués dans la foule, ont recueilli de la bouche de S. M. les témoignages de l'intérêt le plus flatteur, et madame la duchesse d'Orléans a prouvé plus d'une fois dans le cours de cette journée que ses études ne l'avaient laissée étrangère à aucune des renommées scientifiques et littéraires qui ont illustré depuis trente ans la patrie de son affection et de son choix.

M. Larivière s'étant trouvé sur le passage du Roi, au moment où S. M. sortait de la galerie des Batailles pour entrer dans la salle de 1830 : « Voici l'auteur de mon grand tableau, » a dit le Roi. Et il a conduit la princesse devant la scène de l'Hôtel-de-Ville, rendue avec une fidélité historique si estimable par ce peintre distingué. On a remarqué le plaisir avec lequel S. M. s'était arrêtée devant ce tableau, où sont reproduites des émotions qui vivent encore jeunes et vibrantes dans le cœur du Roi, quand elles ont vieilli pour tout le monde. Le Roi est l'élu d'une révolution libérale, faite au profit du peuple. L'a-t-il oublié ? Nous le demandons à tous ceux qui ont vu Versailles.

Le Roi est revenu par la galerie des Bustes, les salles de 94 et de 95, et la salle du Sacre, dans les appartements de Louis XIV, où il s'est arrêté quelques instants. Les dames attendaient dans la salle de l'OEil-de-Bœuf, et elles ont été présentées à LL. MM. Après une courte station dans la chambre du Lit, S. M. est entrée dans la salle du banquet.

Huit tables de soixante couverts avaient été disposées

dans la galerie de Louis XIV. Le Roi au milieu, ayant à sa droite la reine des Belges, et à sa gauche madame la duchesse d'Orléans; le roi des Belges en face, ayant à sa droite la Reine, et à sa gauche madame la princesse Adélaïde; dans les dix salles latérales, à droite et à gauche, et perpendiculairement à la ligne de l'ouest, vingt tables de quarante couverts, dont quelques-unes présidées par les princes; celles du salon de Mars par M. le duc de Nemours, ayant à sa droite madame la maréchale princesse d'Eckmühl, et à sa gauche madame de Montalivet; celles du salon de Vénus, par M. le prince de Joinville; celles du salon d'Apollon, par M. le duc d'Aumale, ayant à sa droite la baronne Bernard, et à sa gauche M. le maréchal comte Clauzel.

A la table de S. M., M. le comte Molé était à côté de la reine, et M. le garde des sceaux à la gauche de madame Adélaïde, M. le maréchal Lobau à la gauche de la reine des Belges, M. le maréchal Soult à côté de madame la grande-duchesse; M. le ministre de l'instruction publique était en face de M. le duc d'Aumale; les maréchaux, les ministres, la duchesse de Dino, la duchesse de Broglie, la duchesse de Dalmatie, la duchesse d'Albuféra, étaient les plus rapprochés de la famille royale.

Le coup d'œil était admirable; les tables étincelaient d'or et d'argent, de cristaux et de fleurs, elles étaient chargées d'un double service d'une recherche exquise; d'innombrables corbeilles de fruits étaient rangées avec art le long des *surtouts* brillants; et les fleurs, les fruits, les bronzes, les statues d'albâtre reflétés dans les murailles de glace de la galerie de Louis XIV, multipliaient à l'infini le prestige de cette merveilleuse scène. Dix mille assiettes de porcelaine de Sèvres et six mille couverts circulaient sans encombrement ni interruption, entre les mains de plus de deux mille serviteurs. Les vins exquis, les primeurs les plus recherchées, étaient offerts avec profusion. Partout la symétrie, l'élégance, comme au couvert des Tuileries ; partout l'ordre au milieu d'une apparente confusion, mais l'ordre libéral et magnifique.

Le banquet a duré une heure. Le roi est sorti de la galerie des Glaces par l'OEil-de-Bœuf, où les convives ont suivi S. M. ; on y étouffait en cet instant ; il y avait foule, comme au bon temps à la porte de la chambre du Lit, et on eût pu croire que Louis XIV était encore là, distribuant ses grâces et ses faveurs. La famille royale s'étant retirée un instant dans les appartements de la Reine, et la circulation rétablie, une portion de la foule a gagné l'aile du Nord, où elle a commencé à faire queue à la porte de la salle de spectacle; d'autres, mieux avisés, ont attendu le retour du Roi, et ont suivi son passage dans les galeries. Le roi a traversé les salles de l'Empire au rez-de-chaussée, et après avoir parcouru, dans le bâtiment central, la galerie des Connétables, il est remonté au premier étage. Les tables du banquet avaient disparu comme par enchantement; la galerie des Glaces développait toute la beauté de ses proportions et toute l'élégance de ses lignes admirables ; les tableaux du règne de Louis XIV se montraient dans tout leur éclat. Le Roi, après avoir fait le tour du pavillon central, s'est alors dirigé vers le foyer du théâtre, où le corps diplomatique attendait la famille royale, et après la réception, LL. MM. sont entrées dans la salle de spectacle au milieu de bruyantes acclamations.

Voici comment les spectateurs étaient placés :

Dans la loge royale, sur le premier rang, le Roi, les reines et les princesses ; M. le duc d'Orléans et les princes ses frères derrière le roi. Ensuite les dames de la cour, les ministres, les maréchaux, les présidents de la chambre des pairs et de la chambre des députés ; à droite et à gauche, les dames invitées ; aux secondes loges en face, les ambassadeurs et les ministres des puissances étrangères ; à droite et à gauche, les dames du corps diplomatique. Tous les autres invités du roi, sans distinction, occupaient le parterre, les avant-scènes, les premières et les troisièmes loges.

Tel était l'arrangement qu'avait voulu le roi. On avait proposé à S. M., pour obvier à l'inévitable désordre du premier mouvement d'entrée dans la salle, de diviser ses hôtes par catégories, et d'assigner à chacune une place distincte. Le Roi avait rejeté cet avis ; et au spectacle comme au banquet, une admirable et intelligente confusion avait réuni tous les rangs, toutes les professions, tous les talents, tous les services ; la salle tout entière était aux convives du roi ; chacun s'y était placé au hasard, suivant son caprice ou son bonheur.

Pour donner une idée, mais une idée incomplète et vulgaire, de cette fête royale, il faudrait remonter aux plus beaux jours du dix-septième siècle, aux fêtes de 1664.

V.

Les fêtes de 1664 ont laissé dans le palais de Versailles un souvenir ineffaçable. Cette année 1664 est en effet une des plus belles années de la jeunesse et de la grandeur de Louis XIV. Le palais et les jardins de Versailles étaient alors dans leur éclat le plus magnifique : toutes les gloires militaires, tous les grands poëtes de la France, admirablement secondés par le plus intelligent monarque de l'univers, se réunissaient autour de sa personne pour l'aider à accomplir les merveilles de son règne. Le dix-septième siècle venait de prendre sa place à la tête des plus belles époques qui aient honoré l'humanité; il était le siècle du grand Condé et du grand Corneille, de Bossuet et de Fénelon, de Molière et de Racine, de mademoiselle de La Vallière et de madame de Sévigné; le siècle de toutes les gloires, de tous les prestiges, de tous les amours; en un mot, il était déjà le siècle de Louis-le-Grand, quand le roi, « voulant donner

» aux reines et à toute sa cour le plaisir de quelques fêtes
» peu communes dans un lieu orné de tous les agréments
» qui peuvent faire admirer une maison de campagne,
» choisit Versailles, à quelques lieues de Paris. C'est un
» château qu'on peut nommer un palais enchanté, tant les
» ajustements de l'art ont bien secondé les soins que la na-
» ture a pris pour le rendre parfait. Ce fut en ce beau
» lieu, où toute la cour se rendit le cinquième de mai,
» que le roi traita plus de six cents personnes, jusqu'au
» quatorzième, outre une infinité de gens nécessaires à la
» danse et à la comédie, et d'artisans de toutes sortes
» venus de Paris, si bien que cela paraissait une petite
» armée. »

Le fidèle chroniqueur de ces belles journées du mois de mai, quelque honnête homme d'esprit comme moi que Molière aura fait entrer à sa suite, que le roi Louis XIV n'aurait jamais pensé à inviter dans son palais, un naïf historien, qui cependant a payé comme un prince cette hospitalité royale, en racontant à la postérité ce qu'il avait vu et entendu dans ces jours d'enchantements, raconte ainsi toutes ces fêtes, jour par jour, heure par heure. Son récit est plein de naïveté, et cependant, avant-hier encore, avouons-le, il nous semblait que cet homme racontait des choses impossibles : ces tournois, ces livrées, ces hérauts d'armes, cette foule brillante qui remplissait le palais et les jardins, ces festins, *les plus grands qu'on puisse faire*, nous paraissaient autant d'inventions plus dignes du roman que de l'histoire. C'est qu'en effet nous n'avions pas vu le palais de Versailles comme il faut le voir; c'est qu'en effet, à la place de ces demeures magnifiques, *charmantes en toutes manières*, nous n'avions pu voir que misères, abaissement auguste, ruines lamentables; c'est qu'en effet l'âme, c'est-à-dire la royauté, manquait à ce cadavre de la majesté royale, et qu'il était impossible de les retirer, par la pensée, de leur abaissement, ces nobles murs, autrefois si remplis de beautés, de magnificence et de grandeur!

Mais aujourd'hui enfin, grâce à cette intelligente volonté qui gouverne la France, nous croyons à tout ce qu'on dit dans les histoires de la grandeur de Louis XIV; nous croyons au palais de Versailles. Quel miracle! en 1836, après tant de révolutions tout en faveur de ce nouveau et légitime souverain de la France, qu'on appelle le peuple, tout d'un coup, et comme par un enchantement sans exemple, voici que ce palais de Versailles, couché par terre, sort de ses ruines; ces portes fermées s'ouvrent de nouveau à deux battants, comme si le grand roi allait venir; les eaux s'élancent dans les airs, les bosquets se couvrent de leurs plus beaux ombrages, l'Œil-de-Bœuf se remplit des plus grands hommes de l'éloquence et de la poésie; la galerie des Glaces est animée et bruyante, comme le jour où fut reçu, implorant son pardon, le doge de Venise; le dix-septième siècle tout entier, si longtemps et si souvent méconnu, outragé, insulté parmi nous, se presse et se précipite dans ces demeures royales, et alors vous pensez s'ils se retrouvent avec bonheur, avec orgueil, avec amour, dans ces demeures faites par eux et pour eux, tous ces esprits d'élite, tous ces rares courages, toutes ces beautés sans pair! Le dix-septième siècle tout entier se répand dans ce palais, qui fut son amour et sa joie, dans ce palais où pour lui se levait chaque matin le soleil, et après ce long exil, il veut tout voir de ses yeux, il veut toucher toutes choses de ses mains ; oui, en effet, s'écrie le grand siècle, voilà le palais de mon roi, voilà ma demeure, voilà ma maison, voilà mon seuil domestique, voilà nos lambris dorés, voilà nos plafonds, voilà nos marbres, nos toiles, notre bronze, nos chefs-d'œuvre de la France et de l'Italie ! Versailles est debout : *Vive le roi! le grand siècle n'est pas mort!*

Et que le roi Louis-Philippe a eu raison de rendre ainsi aux poëtes, aux historiens, aux philosophes, aux moralistes, aux grands artistes, au grand roi du grand siècle, ce palais de Versailles, le seul asile qui fût digne d'abriter tant de grandeurs. Louis XIV est non seulement l'honneur de la royauté, mais encore l'honneur de l'espèce humaine. Il a donné à la langue, à la pensée, au style, à la poésie, à l'imagination française, le signal du départ; il leur a montré le but, et il leur a dit : Malheur à celui qui ira plus loin ! A Louis XIV se rattachent toutes les grandes idées du beau, du bien, du grand, de l'utile, de la gloire, de la croyance, de l'autorité. Il est le roi de l'ordre et de l'unité, de l'obéissance et du respect. Il restera dans l'avenir comme le point le plus glorieux de notre nation. Il avait élevé Versailles dans son plus grand moment de toute-puissance; mais à peine il fut mort, que le palais de Versailles, qui suffisait à peine à le contenir, se trouva vide et désert. Rien ne put désormais le remplir, ni l'esprit du régent, ni les profusions de Louis XV, ni même les illustres et admirables transports de 89, ni même la gloire de l'empereur. A toutes ces grandeurs nouvelles qui ont épouvanté, qui ont rempli le monde, le palais de Versailles restait silencieux et muet; nul ne pouvait le tirer de ce profond dédain pour ces majestés improvisées, il avait vu de trop près la grandeur pour se laisser prendre à des grandeurs passagères. A tous ces parvenus d'hier, parvenus de la terreur, parvenus de la gloire ou parvenus de la fortune, il opposait ce profond et invincible mépris contre lequel est venue se briser toute la volonté de l'empereur, toute l'obstination de l'ancienne maison de Bourbon. Il était aussi difficile de le faire disparaître du sol que le retirer de son néant; il mettait au défi tous les démolisseurs et tous les architectes. Plus d'une fois on parla sérieusement de le rendre à son ancien éclat : le vieux palais, par ses mille fenêtres ouvertes, jetait un regard de mépris sur les maçons qui faisaient mine de le recrépir ; plus d'une fois on parla sérieusement de le démolir, et d'en vendre les matériaux à l'enchère : le vieux château, par ses mille fenêtres ouvertes à tous les vents, jetait un regard de pitié sur les démolisseurs.

Ainsi le palais de Versailles n'était depuis longtemps ni un palais ni une ruine; il était aussi rebelle à la truelle chargée de chaux et de ciment qu'il l'eût été à la mine remplie de poudre. Louis-Philippe fut obligé, pour parvenir à cette grande conquête, qui sera une des plus illustres conquêtes de son règne, de l'attaquer de front et de toutes parts. Il y voulait entrer précédé et suivi du présent et du passé de la France; il y voulait entrer au nom de Louis XIV et de Napoléon ; il voulait planter sur ces hauteurs désolées et sans drapeau les deux drapeaux : le drapeau blanc et le drapeau tricolore, qui, tous les deux, ont couvert tant de victoires; il y voulait abriter dans un ordre admirable toutes les gloires de la France ; il voulait, pour que le château de Versailles sortît enfin de son apathie mortelle, lui rendre Louis XIV d'abord, et avec Louis XIV lui donner Charlemagne, François Ier, Henri IV, Louis XV, Louis XVI, la révolution française, l'empire, la révolution de juillet. Il a dit au palais de Versailles : *Ouvrez! ouvrez vos portes! c'est la fortune de la France!* Et ainsi, tout seul, pendant quatre ans, du haut en bas de ce palais plus grand qu'une ville, dans les fondations et sous les combles, dans les murs, hors des murs, dans les recoins les plus ignorés et dans les salles les plus magnifiques, ce roi infatigable a porté sa patience, son travail, sa volonté, sa science historique, son admiration pour tous les noms illustres, son respect pour toutes les gloires acquises, son dévouement sans bornes, son admiration profonde et sincère à tout ce qui est l'histoire de notre pays.

Élever le palais de Versailles, planter ces jardins, appeler ces eaux jaillissantes dans cette plaine aride, abriter sous ces ombrages tout un peuple de statues, se servir dignement de Mansard, de Lebrun, de Le Nôtre, de Puget, de Coysevox, de tant d'artistes illustres qui sont morts à cette peine ; dépenser plus d'un milliard à accomplir cette merveille impossible, appeler à son aide toutes les forces tout le génie, tout l'argent, toutes les gloires, tout l'esprit, toute la majesté dont pouvait disposer le plus grand roi du monde, c'était bien difficile déjà, mais pourtant je ne crois pas que ce fût plus difficile que de restaurer le palais de Versailles. Oui, le prendre là, dans sa ruine, tout chargé de ronces, tout couvert d'épines, croulant au dehors, moisi au dedans, odieux au peuple, oublié de ceux qui ne le haïssaient pas, chargé de malédictions et de blasphèmes, stupide depuis le jour où le peuple furieux s'en vint de Paris arracher de ces murailles désolées son dernier roi et sa dernière reine, et sans hésiter, seul, au plus fort des plus importantes affaires qui aient occupé un roi depuis six ans, avec un million par mois, deux journées de Louis XIV, relever le cadavre de ce palais, panser une à une toutes ses blessures, le couvrir d'un manteau de pourpre, lui rendre la vie d'abord, le mouvement ensuite, la grandeur enfin, et ce qui était plus difficile, lui rendre le respect, et, ce qui était plus difficile encore, lui rendre l'amour du peuple, et si bien faire que toute la France va accourir dans un pieux pèlerinage à ce même palais de Versailles qu'elle évitait dans une terreur superstitieuse, certes voilà une œuvre plus difficile que l'œuvre même de Louis XIV. Louis XIV avait bâti pour lui le palais de Versailles : Louis-Philippe le relève pour nous ; Louis XIV mort, le palais de Versailles n'a plus voulu appartenir à personne : maintenant il appartient à ce peuple de France, contre lequel le peuple de France avait une si grande colère, que le peuple lui rendait si bien.

Bien avant que cette œuvre royale ne fût achevée, et par un de ces bonheurs dont on est plus fier qu'on ne le serait d'un bel ouvrage, j'avais été admis à parcourir toutes ces merveilles amoncelées ; et pour la première fois de ma vie, peut-être, j'avais compris jusqu'où peuvent aller l'admiration et le respect. J'étais hier un des hôtes du roi, le dernier dans cette foule d'élite, mais non pas le moins ému et le moins attentif à ce qui allait se passer. Chose étrange! toute cette foule a été émue comme un seul homme. Ils arrivaient l'un après l'autre ou plusieurs en même temps ; mais, déjà dans la cour d'honneur, leur attention était excitée. Les premiers qui vous font cortége dans cette cour d'honneur, ce sont les grands hommes de la France : c'est Bayard, c'est Duguesclin, c'est Turenne, c'est Condé, c'est Louis XIV sur son cheval. Arrivés à la cour de Marbre, les invités du roi mettaient pied à terre, et vous savez qui ils sont : ce sont tous les hommes importants de notre pays : soldats, magistrats, députés, pairs de France, quelques poëtes et quelques écrivains, assez grands écrivains et assez grands poëtes pour n'être encore ni membres de l'Académie, ni députés, ni pairs de France ; quelques-uns de ces étrangers de Paris, qui restent Anglais, Prussiens ou Russes, dites-moi pourquoi? Déjà, en mettant pied à terre, le recueillement commençait. Les hôtes du roi se promenaient lentement dans ces vastes galeries, où reposent dans leur linceul de pierre les rois, les reines et les guerriers de la première race. Ils s'arrêtaient tout pensifs devant Charlemagne et devant Clovis, et ils admiraient que les tombeaux de Saint-Denis et de tous les vieux monastères eussent ainsi envoyé du fond de leurs caveaux les plus sombres, une copie énergique et puissante de leurs morts célèbres; l'antique abbaye de Saint-Denis n'a pas dit au roi : *Rends-moi mes morts!* Au contraire, elle a donné à ces effigies royales un éphémère congé de quelques siècles; elle leur a permis d'aller instruire de plus près ceux qui s'agitent sur la terre, par le spectacle de leurs grandeurs immobiles. Laissez le temps donner à ces galeries toutes neuves cette magnifique teinte funèbre, que seul il peut trouver sur sa palette de cendres et de poussière, et vous verrez combien ce vaste tombeau placé là sera d'un effet tout puissant!

Dans une de ces galeries de pierre, parmi les effigies de marbre, remarquez sur son piédestal cette jeune fille des champs, guerrière et bergère à la fois, le visage d'une femme, le cœur et le bras d'un héros. Son attitude est calme et reposée; son noble visage respire le courage et l'espérance. Il est impossible de mieux rendre ce courage de lion né dans le cœur d'une femme; mais aussi le grand artiste qui a si bien compris l'héroïque vierge de Vaucouleurs est elle-même une jeune fille, qui s'appelle tout simplement Marie d'Orléans. Sa statue est une des plus belles du Musée de Versailles. Heureuse Jeanne d'Arc, d'avoir rencontré parmi les artistes contemporains un si excellent protecteur!

Cependant, au sortir de ces galeries de pierre et par ce bel escalier de marbre au haut duquel Louis XIV venait attendre le grand Condé, vous entriez dans le salon de 1792; et alors c'était pour les assistants à ce grand spectacle un étonnement tout nouveau : 1792, le commencement de la France moderne. A présent, vous les voyez tous partir, soldats, matelots, sans nom, sans famille, quelquefois sans uniforme; et alors, ayez bon courage! car il faut les suivre, tambour battant et au pas de charge, dans ces guerres de géants, qui ont étonné, qui ont dompté le monde. L'effet de cette histoire, ainsi racontée bataille par ba-

taille, victoire par victoire, ne saurait se décrire. Ces spectateurs d'élite, admis les premiers à passer ainsi la revue de nos annales, étaient là tous, les uns et les autres, animés, attentifs, curieux, heureux et fiers de tant de gloire.
—A qui donc appartient ce palais de Versailles? se disaient-ils; nous étions tout à l'heure à Charlemagne et à François Ier, et maintenant nous voilà suivant à la trace les héros, les soldats et les principes de 1789!

Ils allaient toujours, marchant de victoire en victoire, s'arrêtant devant les combats illustres, se passionnant tout à l'aise pour le grand empereur, dans ses appareils si divers et dans ses fortunes si différentes, aujourd'hui couronné par le pape, le lendemain épousant la fille d'un empereur, puis vaincu et captif, puis sortant de son île et rentrant comme un triomphateur dans son royaume de cent jours, puis abattu une dernière fois, et se perdant dans l'infinité de son malheur et de sa gloire. Surtout c'était beau à voir, hors de la toile et marchant gravement, témoins muets, mais non pas impassibles, ces vieux soldats, ces maréchaux invalides, ces hommes de fer, blessés sur tous les champs de bataille, parcourant d'un pas cassé tout ce musée ou plutôt tout ce champ de guerre, émus jusqu'aux larmes à l'aspect de leurs anciens triomphes, se cherchant eux-mêmes dans la mêlée, à l'ombre de leurs aigles et de leur empereur, si fiers et si heureux de se retrouver tenant leur place d'il y a vingt ans, dans cette mêlée sans égale de toutes les royautés, de tous les peuples et de tous les principes! Il y en avait parmi ces vieux héros qui n'avaient pas marché depuis dix ans, et qui se redressaient à cette odeur de poudre, comme fait le paralytique dans l'Évangile. Ils revenaient à leurs beaux jours de misères et de bivouac; ils prêtaient l'oreille, ils entendaient le *Chant du Départ*, qui retentit partout dans ces salles de 1792 et années suivantes : ils voyaient Toulon se rendant sous le canon dressé par ce petit jeune homme au teint pâle et à l'œil de feu; ils gravissaient les hauteurs du mont Saint-Bernard en chantant et en traînant les canons; ils descendaient en Italie, au milieu de la vapeur des orangers et des roses; ils arrivaient en Égypte et dans ces plaines chargées de sables au pied des Pyramides ils regardaient en riant ces trois mille années, qui les contemplaient avec effroi !

Bientôt venait l'empire, venaient ses fortunes, ses duchés, ses croix d'honneur, toute cette pompe un peu bruyante, mais non pas sans grandeur, ils étaient là aussi les soldats de tout à l'heure; mais cette fois ils étaient en manteau d'hermine, en toque de velours, la main gantée, ayant recouvert de soie même le fourreau de leur épée! Ainsi va la gloire humaine. Mais cependant songez au bonheur qui m'arrivait hier! Avoir sous les yeux les héros d'une si grande histoire, les voir en même temps là sur la toile, dans tout l'appareil de la gloire, et là, à vos côtés, dans tout le déshabillé de la grandeur; les voir là tout armés dans la mêlée, au milieu de la poudre, et là, à vos côtés, qui s'appuient sur votre bras ou qui vous saluent quand ils vous ont heurté par hasard; se dire à soi-même : Il était, à Austerlitz, soldat, et le voilà à mon côté maréchal de France, et c'est le même homme pourtant ! Il appartient à l'histoire depuis dix ans, et je le vois là, qui marche, et qui pense, et qui pleure, quoi qu'il en ait; il peut regarder sa gloire sur ce tableau de Bouchot ou de Scheffer, et puis se retourner les bras croisés, et dire en montrant à tous son front couvert de cicatrices : — Ai-je volé ma place dans ce Panthéon militaire? Certes, voilà une émotion vive, puissante, glorieuse pour tous, glorieuse pour lui, le héros, glorieuse pour vous, spectateur, glorieuse surtout pour le roi qui a conçu, qui a accompli, lui le premier, et lui tout seul, une pareille entreprise. Aussi, ces vieilles gloires de l'empire, conviées à cette fête nationale, se regardaient entre elles, et semblaient se dire, tant le bonheur a le même langage, sous le hêtre et sous les trophées d'armes : — *Un dieu nous a fait ces loisirs! Hæc otia fecit.*

Voici ce que j'ai vu avec un attendrissement inexprimable. Je repassais pour la vingtième fois dans la galerie des Batailles : là toutes les victoires de la France sont mêlées et confondues; c'est le plus admirable pêle-mêle qui se puisse voir : saint Louis à côté de Murat, Henri IV non loin du grand Condé, Vauban et Duguay-Trouin; ils y sont tous. Cette galerie est peut-être la merveille de toutes ces merveilles. Elle a cent cinquante pieds de plus que la galerie des Glaces; elle est soutenue par d'immenses colonnes en marbre; elle est toute dorée du haut en bas. Dans un des tableaux qui décorent cette galerie des Batailles un vieux soldat venait de se retrouver commandant en chef; ou plutôt, une jeune femme qui lui donnait le bras venait de découvrir dans cette glorieuse mêlée son grand-père, et elle lui montrait sa propre gloire, heureuse comme une jeune fille qui se voit mêlée à cette gloire militaire, la plus parée de toutes les gloires. Le vieillard, qui était très-occupé à regarder une bataille du prince Eugène, obéisssant à l'impulsion de sa jeune compagne, suivit son doigt indicateur, et ainsi guidé par cette main blanche, effilée, et transparente, il se reconnut lui-même dans ce tableau, déjà blanchi par l'âge, déjà cassé par la gloire, mais encore superbe, et dans toute l'animation de la victoire. C'était bien lui ! Une légère rougeur monta à son noble visage, il regarda pendant une minute ou deux cette victoire, dont il était le héros, puis saisissant le bras de sa compagne : — Viens, ma fille, lui dit-il, tu vas me voir !

Et d'un pas plus leste que je n'aurais pensé d'abord, il ramena son enfant, à rebours de tant de victoires, dans la salle de 1792. A mesure que le vieillard revenait sur ses pas on eût dit qu'il redevenait plus jeune : ou plutôt, c'était l'empire qui se rajeunissait. Ils arrivèrent ainsi dans la salle de 1792 ; il s'assit sur une de ces riches banquettes recouvertes en velours qui garnissent tous les murs du palais; il fit asseoir sa fille à ses côtés, puis levant la main à son tour, mais une main sèche, ridée, tremblante, mutilée, il désigna à son enfant, dans cette foule de portraits, le portrait d'un beau jeune homme de seize ans. C'était déjà le visage d'un héros. De longs cheveux noirs encadraient à merveille cette jeune tête ; ce vif et ingénieux regard resplendissait de tout l'éclat de la vingtième année; cette belle joue ovale se colorait d'un sang chaud et vif; il y avait sur ses lèvres fortement dessinées le naïf sourire de la santé, ce jeune homme portait un habit de soldat.

Quand le vieillard eut considéré ce portrait avec une émotion toujours croissante : — Tiens, me voilà, ma fille !

lui dit-il d'une voix tremblante, et disant ces mots, il était plus fier d'avoir eu vingt ans que d'être maréchal de France et duc et pair.

La jeune fille porta à ses lèvres les vieilles mains de son père, et le vieillard rentra en lui-même heureux, mais peut-être un peu honteux de son émotion.

Que de petits drames imperceptibles se sont passés ce premier jour, dans le palais de Versailles! Pendant que l'antiquaire déchiffrait avec délices les vieilles inscriptions des vieilles statues, pendant que le soldat de l'empereur marchait au pas à la suite de son empereur, pendant que les 221 de 1830 parcouraient la salle de Juillet, toute remplie des scènes dramatiques de cette révolution sans rivale, les esprits les plus calmes, les heureux égoïstes, pour qui la gloire des armes n'est qu'un vain bruit, la puissance une force inutile, le courage un glorieux péril, la victoire une folle parure, se perdaient en leurs méditations, à la suite des beaux esprits de la France. Ceux-là disaient tout bas que la plus belle victoire ne vaut pas un beau poëme; qu'ils donneraient Charlemagne pour Régnier, et les Capitulaires pour *l'Ode à Du Périer* de Malherbe. Ils s'arrêtaient de préférence devant les grands maîtres, Rabelais, Montaigne, Corneille; ou bien, plus avancés, ils regardaient avec amour Boileau, Fénelon, Bossuet, Racine; ou bien ils saluaient Montesquieu, Voltaire, Le Sage, J.-J. Rousseau. Noble palais, l'asile de toutes les gloires et de toutes les poésies! Des jeunes gens pleins de ces belles passions de la jeunesse qui n'ont pas besoin d'excuse, car elles passent si vite, ne voyaient dans le palais de Louis XIV que le roi Louis XV, ce beau roi de tant d'esprit, d'insouciance, de sang-froid et de courage! Ils suivaient les traces parfumées du royal amant de madame de Pompadour; ils ne reculaient même pas, les imprudents, devant madame Du Barry, et ils disaient que j'avais bien fait de la défendre. Ils s'extasiaient devant toutes ces beautés efféminées, devant toutes ces grâces un peu apprêtées, devant ces jeunes héros de Fontenoy, qui portaient si bien les manchettes et l'épée. Les uns s'étaient faits les partisans de la reine de France, Marie-Antoinette, cette belle Allemande de tant d'esprit, de tant de courage, de tant de résignation, pauvre femme, qui pouvait dire elle aussi : *Plût à Dieu que je craignisse!* Les autres franchissant le dix-septième siècle, proclamaient Diane de Poitiers la plus belle des belles; il y en avait qui se faisaient les partisans de la reine de Navarre; quelques-uns, parmi les historiens goguenards qui font une école à part, soutenaient que la reine Catherine de Médicis était une reine calomniée, et ils estimaient très-haut l'escadron volant de la reine ; chacun choisissait son roi parmi ces monarques : celui-ci François Ier, le roi de Bayard; celui-là Louis XI; un autre Louis XII; il y en avait qui aimaient Louis XIII ; d'autres se passionnaient pour Henri IV, et ils lui disaient : — *Sire, votre maîtresse est ma reine!* Et enfin, car toutes les royautés de la France sont permises et reconnues avec la plus courageuse loyauté dans le musée de Versailles, quelques-uns, dans une respectueuse émotion, s'arrêtaient devant le *Retour de Louis XVIII*, devant le *Sacre de Charles X*, devant le portrait de madame la dauphine, et il y avait dans leurs regards moins de reproches que de pitié et d'intérêt.

Mais, après les soldats de l'empereur, ceux qui triomphaient le plus ce jour-là, nous ne parlons pas du véritable triomphateur, le roi Louis-Philippe, c'étaient les nobles esprits, c'étaient les hommes d'élite qui sont restés les sujets fidèles, soumis et dévoués du roi Louis XIV. Ceux-là s'exaltaient eux-mêmes dans l'œuvre restaurée de leur monarque favori. Ils n'avaient pas assez de leurs deux yeux pour tout voir, assez de leurs oreilles pour tout entendre, assez de leur mémoire pour se rappeler tant de souvenirs. Ils regardaient sur ces murs, sur ces plafonds, dans la mosaïque qu'ils foulaient aux pieds, sur le bois des portes, sur le fer des fenêtres, sur le bronze doré des balcons, sur la pierre, dans la brique, sur les meubles, les chiffres, les couronnes, les emblèmes, les empreintes vénérées du roi Louis XIV. Ils le retrouvaient partout, comme il est en effet, partout dans ces grands murs, et au fond de leur cœur ils rendaient grâces au roi Louis-Philippe, qui avait conservé au grand roi et à sa famille, et à ses poëtes et à ses artistes, tous les appartements du vieux Versailles, sans en rien retrancher, pas même pour l'empereur ! Louis XIV peut revenir ; il reconnaîtra toutes les salles de son palais : l'OEil-de-Bœuf, la salle des Gardes, le salon du Roi, le salon de la Reine, la salle du Trône, le salon de la Paix, le salon de la Guerre, le salon de l'Abondance, la galerie des Glaces; mais qui peut vous dire tout cet immense dédale ? Autour du grand roi, Louis-Philippe a placé toutes ses amitiés, tous ses amours, toutes ces belles personnes d'autrefois. C'est un genre de beauté noble et sévère que la France a perdu; ce sont des grâces nettes et sans apprêts, dont le dix-septième siècle a emporté le secret dans la tombe; c'est une majesté naturelle qui a fait place à des grâces plus bourgeoises. Toujours est-il que ces portraits, ces bustes, ces statues du grand siècle portent avec eux je ne sais quelle grandeur naturelle qui les fait reconnaître tout d'abord, comme on reconnaît facilement un gentilhomme dans une foule. On sent que Louis XIV doit respirer à l'aise dans ces murs ainsi restaurés. On a obéi aux moindres habitudes de ce roi si régulier en toutes choses. Son confessionnal est à sa place accoutumée, et à côté du confessionnal le fauteuil du confesseur; toutes ses pendules sont montées avec soin, et elles chantent, comme autrefois, à leur manière, la gloire du grand roi.

La salle des Gardes est toute prête, et la cheminée n'attend plus qu'un chêne entier pour jeter sa flamme brillante; la place du roi à la chapelle est marquée par un coussin de velours; au théâtre, sa loge est garnie de crépines d'or; c'est tout à fait son palais de Versailles, mais agrandi, réparé, embelli, avec six galeries et un grand siècle de plus.

Oui, le grand roi peut venir, sa chambre est prête. Quand vous entrez dans cette chambre, vous êtes saisi d'un respect involontaire, et je crois bien que le plus forcené déclamateur contre la majesté royale, s'il voulait être de bonne foi un instant, s'avouerait vaincu par cet admirable spectacle. Le plafond est un chef-d'œuvre de Paul Véronèse, enlevé au conseil des Dix. Le lit du roi, son prie-Dieu, ses tableaux, ses candélabres, ses fauteuils, ses tapisseries, œuvre patiente des chastes filles de Saint-Cyr, ses chenets dorés, sa pendule, les portraits de ses enfants, la barrière dorée, que les seuls princes du sang osaient franchir ; tout cet ensemble, si rempli d'une calme grandeur, tous ces ornements sont d'un goût exquis et sévère tout le glorieux entourage de la plus grande royauté de ce monde, est réuni dans cette chambre ; tous ces meubles sont authentiques ; le roi a reçu dans cette chambre tout le grand siècle, il s'est agenouillé devant ce Christ ; il a dormi dans ce lit, il y est mort, et vous vous souvenez sans doute, à ce sujet, quelles furent les dernières et sublimes clartés de ce soleil mourant.

Plus haut, au second étage, dans une suite infinie d'appartements, les hommes d'affaires et les oisifs, deux espèces d'hommes qui se ressemblent à faire peur, se promenaient au milieu de plus de deux mille portraits historiques, qui composeraient à eux seuls toute l'histoire de notre pays, et que la gravure des plus excellents artistes de ce pays, dirigés par Calamatta et par un homme (1) qui a tous les sentiments, toute l'intelligence, tout le zèle et toute la persévérance nécessaires à ce grand travail, reproduira, sans en excepter un seul, aussi bien que tous les grands tableaux, les moindres ornements et les infinis détails de ce chef-d'œuvre qu'on appelle le Musée de Versailles.

Ne trouvez-vous pas que je suis bien loin de mon sujet ? Un autre que moi, mieux instruit et plus habitué à cette magnificence et à ces grandeurs, vous a fait tout à l'heure, l'histoire de cette belle journée, et voilà que je vais sur ses brisées. Que me le pardonne :

(1) M. Gavard, capitaine de génie, l'inventeur du diagraphe. Déjà les douze premières livraisons de ce admirable ouvrage ont paru.

au milieu de tous ces miracles, il m'eût été impossible de me tenir renfermé dans le théâtre qui est mon domaine. Toute cette fête d'hier bourdonne à mon oreille; je vois passer encore devant mes yeux éblouis mille formes riantes et sévères. Pendant quinze heures de cette admiration infatigable, j'ai été mêlé à tant d'émotions diverses, que venir ainsi vous raconter froidement ce qui s'est passé au *Misanthrope,* je ne saurais. On a dit en effet que les comédiens ordinaires du roi avaient joué le *Misanthrope* ce soir-là; mais je suis loin d'en être sûr; je l'ai vu, mais je ne le crois pas. Il faut que les comédiens du Théâtre-Français aient été soumis eux aussi à une hallucination étrange; mais il était impossible de dire au juste, en les voyant agir et parler sur le théâtre du palais de Versailles, quelles étaient ces ombres blafardes de marquis et de grandes dames et de gentilshommes, qui murmuraient les vers de Molière. C'était pourtant une idée royale d'inaugurer le théâtre du palais de Versailles par un chef-d'œuvre de Molière. Molière et Louis XIV, voilà la gloire! ne sauraient se séparer. Louis XIV a protégé, il a défendu, il a compris, il a aimé Molière. En faveur de Molière, et par une faiblesse bien excusable pour le plus grand chef-d'œuvre de l'esprit humain, Louis XIV a oublié une fois cet instinct admirable qui le gouvernait, et il a laissé jouer le *Tartufe,* qui a été, il est vrai, la fin de toute hypocrisie religieuse, mais qui a été en même temps un coup terrible porté à l'église romaine en France : remède qui valait le mal. Louis XIV comprenait, sans que Boileau le lui eût dit, que Molière était le plus grand génie de son siècle; de son côté, Molière, plein d'admiration pour tant de grandeur, de respect pour tant de majesté, de reconnaissance pour tant de bonté, s'était fait le génie dévoué du roi. Pour amuser le roi, Molière interrompit le *Tartufe*; Molière était le plus rare ornement des fêtes de Versailles.

Et comme il parlait en beaux vers du palais de Louis XIV !

Oui, j'aime à demeurer en ces paisibles lieux,
On n'y découvre rien qui m'enchante les yeux !

Et comme hier encore nous l'avons regretté, ce grand poëte qui louait si bien ces trois *sortes de personnes* dont parle La Fontaine ! Et pourquoi, à propos de cette jeune et belle personne que nous avons vue l'autre jour au pied de l'escalier de Fontainebleau, jeune fille timide, que nous avons retrouvée hier duchesse d'Orléans, attirant à elle tous les vœux et tous les hommages, n'aurait-on pas au moins emprunté à Molière quelques-uns de ses beaux vers ?

APOLLON.

Si ces lieux fortunés ont tout ce qu'eut la Grèce
De gloire, de valeur, de mérite et d'adresse,
Ce n'est pas sans raison qu'on y voit transférés
Ces jeux qu'en mon honneur la terre a consacrés.
J'ai toujours pris plaisir à verser sur la France
De mes plus doux rayons la bénigne influence;
Mais ce charmant objet, qu'Hymen y fait régner,
Pour elle, maintenant, me fait tout dédaigner.

Mais le temps de pareils hommages est passé ; les poëtes sont muets ; les exquises louanges dont Racine, Boileau, La Fontaine, Molière, Corneille lui-même, le vieux Romain, ont laissé tant de beaux modèles, ont fait place aux acclamations de tout un peuple ; aussi bien ces éloges-là n'ont pas manqué à madame la duchesse d'Orléans.

Donc laissons en paix pour aujourd'hui les comédiens d'hier : ils ont fait sans doute de leur mieux ; mais que voulez-vous ? ils ne sont pas habitués à cette salle d'or et de velours, à ces plafonds chargés de peintures, à cette cour qui les regarde, à ces deux mille bougies que réflète l'éclat des lustres, à cette brillante foule toute brodée de spectateurs choisis, qui se précipitaient dans cette belle salle, étonnés d'avoir encore à admirer après tant d'admiration. Les comédiens eux aussi auront été éblouis par cet éclat, par cette richesse, par ces grands noms, par ces cris de joie, par cet enthousiasme, qui tenait du délire ; ils ont joué à la hâte et au hasard, en gens d'esprit, qui comprenaient fort bien que toute cette belle foule n'était pas venue là pour eux.

A une heure du matin, cette brillante assemblée, composée de toutes les intelligences, de toutes les puissances de la France, remontait par ces vastes escaliers dans ce palais illuminé de haut en bas, comme pour le bal ; elle jetait un dernier regard plein d'enthousiasme et de reconnaissance sur ces chefs-d'œuvre, sur ces grands hommes entassés dans ces demeures, le seul asile digne d'abriter tant de gloire et tant de grandeurs ; puis elle prenait congé de son hôte royal aux cris mille fois répétés de *Vive le roi !*

VI.

Le lendemain de cette fête, qui est un événement politique, ou plutôt quelques heures après qu'il eut pris congé de ses hôtes, le roi toujours infatigable faisait au peuple les honneurs du château de Versailles, comme il les avait faits aux pairs et aux députés de son royaume. Le roi recevait à dix heures les autorités de Versailles, dans la galerie de Louis XIII.

Le roi a répondu au discours de M. Aubernon, préfet de Versailles :

« Je vous remercie, messieurs, de l'expression de vos
» sentiments. Il m'est bien doux de voir comment la
» France a accueilli le mariage de mon fils, comment elle
» a accueilli cette princesse, que nous sommes si heureux
» de posséder au milieu de nous, et qui répond si bien à
» l'attente de la France et à l'affection que nos cœurs lui
» portent déjà.

» Je vous remercie également de ce que vous m'expri-

» mez sur la satisfaction que vous éprouvez en voyant le
» palais de Versailles recevoir la noble destination à la-
» quelle je l'ai consacré. Je me réjouis qu'il m'ait été ré-
» servé de préserver ce grand monument de la ruine dont
» le menaçait sa prétendue inutilité, et je vois avec bon-
» heur que l'approbation publique vient couronner mes
» efforts. Les marques éclatantes qui m'en ont été données
» hier, lorsque je m'y suis trouvé entouré de la nom-
» breuse et brillante réunion que j'y ai invitée, ont péné-
» tré mon cœur, et je saisis cette première occasion qui
» se présente à moi de vous témoigner combien j'en suis
» touché. Je le suis aussi de l'empressement que les
» gardes nationales du département de Seine-et-Oise ont
» mis à se réunir à Versailles, pour que je les passe en
» revue. Vous serez mes interprètes pour leur faire con-
» naître combien j'y suis sensible. C'est un jour de bon-
» heur pour moi que celui où je puis mettre la France en
» possession de cette grande réunion des glorieux souve-
» nirs de son histoire, qui en perpétuera la mémoire aux
» yeux des contemporains et de la postérité. »

Au discours de M. le maire de Versailles, qui a offert, au nom du conseil municipal, une médaille d'or (1) en commémoration de la restauration de Versailles :

« Je suis bien touché de ce témoignage des sentiments
» du corps municipal de Versailles. Je suis heureux,

---

(1) Cette médaille a été gravée par M. Caqué, en moins de vingt jours. Elle représente d'un côté le palais de Versailles, et de l'autre, elle porte ces mots : AU ROI, *la ville de Versailles reconnaissante*.

» messieurs, de pouvoir vous en remercier dans ce palais
» rendu à sa splendeur primitive, et qui même, j'ose m'en
» flatter, en a acquis une plus grande encore par sa con-
» sécration à toutes les gloires de la France. Je me réjouis
» que l'ouverture de ce grand monument, qui coïncide
» avec l'heureux événement du mariage de mon fils,
» marque l'époque de la renaissance de la prospérité de
» la ville de Versailles. J'espère qu'elle retrouvera, dans
» le dépôt sacré que je lui donne à garder pour la France,
» une nouvelle source de cette vie que lui donnait la ré-
» sidence habituelle des rois. Je dis habituelle, parce que
» je me propose de venir de temps en temps au milieu de
» vous, habiter Trianon, que j'ai rendu susceptible de
» recevoir toute ma famille, dont vous savez bien que je
» n'aime pas à me séparer. Je profiterai de ces séjours
» pour diriger l'achèvement du palais de Versailles, que
» je continuerai autant que je le pourrai, afin d'y complé-
» ter cette grande réunion des souvenirs de notre histoire,
» qui atteste ce que la France a été dans tous les siècles,
» et qui montrera aux générations futures ce que la
» nation française peut accomplir dans toutes les carrières,
» quand elle y est guidée par des chefs dignes d'elle, et
» surtout profondément attachés à leur patrie, comme
» j'aime à me glorifier de l'avoir été dans tous les
» temps. »

Ces paroles ont été accueillies au cri de : *Vive le roi !*
Vive la famille royale !

Discours de M. le duc de Mortemart, président de l'association agronomique de Grignon.

« Sire,

» Au nom de l'association, j'ai l'honneur de présenter à Votre Majesté les élèves de l'école royale agronomique de Grignon. Leurs sentiments d'attachement au roi et aux institutions égalent le zèle qu'ils déploient pour entrer dans la vaste et utile carrière que nous cherchons à leur ouvrir. Nos pacifiques études, circonscrites dans ce moment au domaine que Votre Majesté nous accorde à un prix si généreux, porteront un jour dans toutes les possessions françaises la science la plus utile à l'homme, l'amour du travail, et les mœurs pures, qui en sont un des fruits les plus précieux. Déjà, Sire, nos élèves se distinguent; partout on les recherche pour la direction des grands établissements; et, avec la protection de Votre Majesté, nous espérons en augmenter le nombre, et satisfaire aux demandes qui nous sont faites de toutes les parties de la France, si le gouvernement nous aide à donner gratuitement l'éducation agricole. »

Le roi a répondu :

« Il ne tiendra pas à moi que vos vœux ne soient ac-
» complis. Je ferai tout ce que je pourrai en faveur de
» votre établissement, dont le but est si utile et si louable.
» Je désire vous prouver à tous combien j'apprécie vos
» efforts pour améliorer l'agriculture : obtenir que les

» terres produisent tout ce quelles sont susceptibles de
» donner à l'homme, c'est accroître les richesses de tous
» sans faire tort à personne. C'est par la culture paisible
» de tous les arts, de toutes les sciences, aussi bien que
» par le noble élan que vous imprimez à l'éducation agri-
» cole, si honorée dans tous les siècles, que nous parvien-
» drons à donner aux mœurs françaises cette aménité, ce
» repos, ce calme, qui peuvent assurer à la fois la pro-
» spérité, la richesse et le bonheur du pays, objet constant
» de tous mes vœux et de tous mes efforts. Mais toujours
» dévoué à ma patrie, moi aussi j'ai combattu pour son
» indépendance, lorsqu'elle a été attaquée; j'aime à rap-
» peler ce souvenir; et je vous demanderais de même de
» quitter vos charrues pour voler à la défense de la France,
» si son indépendance était de nouveau menacé. Grâce à
» Dieu, ce danger est loin de nous, et la paix dont nous
» jouissons me paraît bien assurée. Mais n'oublions pas
» que la meilleure garantie de la sécurité du pays, c'est
» la sagesse de la nation; c'est cette sage modération qui
» sait jouir des avantages que nous possédons, sans aller
» courir après des chimères, dont la vaine poursuite a
» trompé tant d'ambitieuses espérances et produit d'aussi
» grands malheurs. Je suis charmé de voir l'esprit qui
» vous anime, et de vous témoigner combien j'aime à ho-
» norer vos travaux, et à encourager un établissement
» aussi utile à la France que celui auquel vous pré-
» sidez. »

A deux heures et demie le roi montait à cheval pour passer en revue la garde nationale du département et les régiments de la garnison. Après avoir passé à cheval devant le front du bataillon de l'école de Saint-Cyr, le roi s'est placé en face du centre et a fait battre un ban. Puis, prenant le drapeau dans sa main, le roi a dit :

« Je viens réaliser la promesse que je vous ai faite de
» donner à l'école ce drapeau, qu'elle a si bien mérité par
» sa conduite, par son application, par son patriotisme et
» par le bon esprit dont elle est animée. Le plaisir que
» j'éprouve à vous le présenter est augmenté en vous le
» donnant en présence de ce grand monument où je vous
» ai conduits moi-même, pour vous montrer cette impo-
» sante réunion des grands souvenirs de notre histoire et
» de toutes les gloires de la France. C'est là ce qui doit
» vous guider dans la carrière qui s'ouvre devant vous,
» sous ces nobles couleurs dont la vue fait toujours une
» si vive impression sur toute la nation, et que nous avons
» reprises avec tant de bonheur, il y a déjà sept ans !
» Vous saurez soutenir l'honneur du drapeau tricolore,
» comme l'ont fait vos devanciers ; et si jamais vous de-
» viez le porter au combat, la France entendrait de nou-
» veau retentir dans vos rangs ce cri des contemporains
» de ma jeunesse :

» Nous entrerons dans la carrière
» Quand nos aînés n'y seront plus ;
» Nous y trouverons leur poussière,
» Et l'exemple de leurs vertus.

» Et comme eux, vous suivriez ces nobles exemples,
» vous vous montreriez dignes du nom français, et partout

» où la voix de la patrie vous appellerait à sa défense,
» vous seriez prêts à verser votre sang pour l'honneur, la
» liberté et la sûreté de la France! »

A ces paroles, prononcées d'une voix ferme et avec une chaleur entraînante, les élèves de l'école de Saint-Cyr ont répondu par les cris de : *Vive le roi!* répétés avec transport.

Le roi est rentré à deux heures, et il a présidé le conseil des ministres.

PARIS.

I.

Le Champ-de-Mars.

Pourquoi faut-il que de si belles journées aient tout à coup été traversées par les malheurs du Champ-de-Mars ? Certes, après les fêtes intimes de Fontainebleau, après les merveilles nationales de Versailles, après la brillante réception de cette jeune duchesse d'Orléans, applaudie et fêtée par la France comme une sœur; après tous ces triomphes du camp et de la ville, sur les grands chemins bordés de fleurs; après cet éclatant soleil qui est venu rendre à l'année son printemps et aux campagnes leurs moissons; dans le profond silence de tous les partis, qui n'ont plus qu'une voix pour louer Versailles, celui-ci au nom de la vieille histoire, celui-là au nom de la royauté de Louis XIV;

l'un en l'honneur de 1789, l'autre à la gloire de l'empereur, quelques-uns même à l'aspect de Charles X et de cette restauration qui s'est perdue par sa faute, mais qui tient sa place dans le musée de Versailles ; le plus grand nombre enfin attirés par cette grande révolution de Juillet, qui occupe une des plus belles salles du palais restauré de Louis XIV ; certes, au milieu de tout ce calme, de cet épuisement des partis, de cette allégresse générale, c'est chose triste à voir, à entendre et à raconter, que l'accident terrible du dernier jour de fête. Ainsi il n'y a pas de beau jour sans nuage, pas de fête sans lendemain, pas de bonheur pour les peuples comme pour les rois, qui ne leur rappelle toute la tristesse inévitablement cachée parmi les plus grandes joies.

L'Hôtel-de-Ville se préparait à recevoir le roi Louis-Philippe comme il avait reçu autrefois le roi Louis XIV. Grâce à une incroyable diligence, ce vieil Hôtel-de-Ville était devenu comme par enchantement un lieu d'éclat et de féerie. Ces sombres murs avaient revêtu les couleurs les plus riantes ; ces vastes cours s'étaient chargées des plus beaux ombrages ; du haut en bas de cette terrible maison, qui veille sur toutes les maisons de la Cité, la fête se hâtait dans toutes sortes d'appareils. Pour cette fête que la ville donnait au roi, il n'y avait pas dans la ville assez de vins précieux, assez d'orangers, assez de fleurs, assez de plumes, de broderies et de velours, assez de noms illustres, assez de femmes jeunes, belles et parées. Il fallait voir en passant le vieil Hôtel-de-Ville étonné de tout ce bruit, de toute cette joie, de toute cette parure, se laissant parer et dorer du haut en bas, et, malgré son air maussade, très-heureux et très-fier de cette nouvelle parure. Tout autour de cette ruine restaurée, les vieilles maisons qui l'obstruaient depuis des siècles tombaient l'une après l'autre, comme pour lui donner enfin un peu d'air, de mouvement et de soleil. On disait de toutes parts que ce serait un admirable spectacle ce vaste hôtel tout resplendissant du bruit, de l'éclat, de la pompe de cette fête nationale, et déjà à l'avance toute la ville était en émoi.

La veille de ce jour, la fête commençait déjà. Toute la grande cité était conviée aux Champs-Élysées, dans le Champ-de-Mars, partout le bruit, partout le mouvement, partout la fête! De très-bonne heure le Champ-de-Mars était rempli, et les curieux contemplaient de loin ce fort d'Anvers bâti tout au milieu de cette place guerrière. Les soldats du génie avaient copié cette citadelle avec leurs souvenirs d'hier. Dieu merci! ils l'avaient vue d'assez près pour ne pas oublier une seule tourelle. — Cette citadelle d'Anvers, qui a fourni au prince royal l'occasion de faire ses premières armes, devait être prise le même soir. Le peuple de Paris avait été attiré de bonne heure par cette admirable odeur de poudre à canon, qui l'enivre mieux que ne fait le punch enflammé. Partout où va le canon va le peuple; le peuple suit le canon au pas, au pas de charge; ils passent l'un et l'autre, le canon et le peuple, par les mêmes sentiers, frayés ou non frayés. Ainsi ce soir-là, ils s'étaient arrêtés l'un et l'autre au milieu du Champ-de-Mars.

Vous dire la beauté de cette scène nocturne, l'éclat du ciel, la sérénité de la lune, la teinte rougeâtre de cette citadelle, qui s'élevait silencieuse et sombre au milieu de ce parc d'artillerie prêt à la foudroyer, surtout vous dire toute cette immense foule, c'est impossible. Tout Paris s'était porté sur les hauteurs. Cet emplacement vide et désolé qui domine le Champ-de-Mars, et qui n'est plus aujourd'hui que la plus lamentable des ruines, c'est-à-dire l'emplacement vide d'un palais impérial, était chargé de tout un peuple de femmes, d'enfants, de vieillards, de soldats, de jeunes gens empressés et goguenards : ils s'échelonnaient les uns sur les autres, et les plumes les plus actives ne sauraient décrire ces cent mille bruits, ces cent mille mouvements, ces cent mille échos répandus de toutes parts, sur les hauteurs et dans la plaine, sur le gazon et dans les arbres, sur le pont, sur les arches du pont, qui étaient chargées de statues vivantes ; il y avait tant de foule et tant de bruit à deux lieues à la ronde qu'au milieu du Champ-de-Mars, c'était presque le silence et l'étendue monotone du désert. — Et tout ce peuple était attentif comme est attentif le peuple parisien, c'est-à-dire qu'il riait aux éclats, qu'il se livrait aux luttes innocentes, et qu'en attendant la bataille qui allait venir, il se jetait à la tête le gazon sur lequel il était assis.

Peu à peu le jour s'en va, la lune se lève au milieu de transparents nuages ; par un sentiment incroyable, ce Champ-de-Mars tout à l'heure si rempli se resserre ; on fait place autour des canons ; bientôt ce peuple debout s'asseoit sur les tertres, sur le gazon, et il attend déjà avec moins d'impatience. Celui qui écrit ces lignes peut parler de ce moment solennel, car il y était, et il a vu de très-près toute cette fête, qui se devait terminer d'une façon si lamentable. En ce moment on était à l'aise au Champ-de-Mars : quelle que fût la foule, le Champ-de-Mars pouvait contenir encore cent mille personnes. Qui donc eût pu jamais croire que parmi ces spectateurs si curieux, si joyeux, si heureux de vivre, qui étaient sortis de leurs demeures pour voir brûler de la poudre, pour entendre gronder le canon et promener leurs femmes et leurs enfants, trois grandes joies ! il y en aurait dans une heure, hélas ! vingt-quatre qui allaient mourir ?

Tout à coup cependant le bruit commence; le feu s'illumine, le canon muet élève sa voix. — *J'entends tousser le brutal !* s'écrie le peuple dans son langage énergique. Et en effet le canon gronde, la fusillade lui répond; des deux côtés du fort l'artifice joue le rôle des obus et des boulets rouges. La lutte sera longue et acharnée; tant mieux ! On ne brûle jamais trop de poudre. En avant donc l'artillerie ! Les forces sont égales; le fort se défend comme il est attaqué, avec autant de feu et d'acharnement. Le peuple, heureux spectateur de toute cette furie, bat des mains et respire la poudre par tous les pores. En cet instant le canon est la grande fête de cette immense ville. Des hauteurs de Chaillot et de Passy, de tous les coins du Champ-de-Mars, de toutes les hauteurs de Paris, c'est un immense mouvement de joie, d'admiration et d'enthousiasme. Le canon ! écoutez-le; il brûle, il bondit, il gronde, il éclate, il retentit au loin. Ceux qui ne peuvent pas voir briller l'éclair que jette le bronze suivent des yeux et avec ravissement cette épaisse fumée; ceux qui ne peuvent pas voir la fumée regardent plus haut dans le nuage où monte la poudre; ceux qui ne voient pas le nuage prêtent l'oreille au bruit, car le bruit seul est encore une fête; et tout au loin, à quatre lieues d'ici, ceux qui n'entendent pas même le bruit, ressentent avec émotion je ne sais quel ébranlement électrique comme le tonnerre; et enfin ceux qui ne voient pas la fumée guerrière, ceux qui n'entendent pas le bruit, ceux qui sont trop loin pour sentir la moindre secousse, ceux-là partagent tant qu'ils peuvent la gaîté générale, et ils se disent, montrant Paris : *Là-bas on tire le canon!*

Cette joie immense a duré trois quarts d'heure. De temps à autre la lune, si sereine toujours, calme, heureux et impassible témoin de tant d'agitations terrestres, se couvrait d'une vive rougeur. Après une longue résistance, le fort commençait à se rendre; déjà son feu était moins nourri, déjà dans le lointain on entendait d'innombrables tambours battre le pas de charge; enfin victoire! une pluie de feu tombe sur la citadelle, elle l'embrase de toutes parts; le canon français crie : Victoire! et sur les débris fumants de cette citadelle superbe flotte le drapeau tricolore, aux immenses applaudissements de cette multitude, ravie comme si elle revenait en effet de la bataille et qu'elle eût repoussé l'ennemi.

Tout était dit; la dernière fusée avait perdu dans le ciel sa dernière clarté, le dernier coup de canon avait retenti au loin, les derniers applaudissements s'étaient fait entendre, un épais nuage de la poudre enflammée s'élevait lentement et comme à regret; alors la foule reprit le mouvement et se porta vers les issues du Champ-de-Mars. Comme je l'ai dit, nous étions au milieu du Champ-de-Mars, tout en face de la citadelle, et nos oreilles étaient encore tout étourdies de cet immense bruit, et nos yeux tout éblouis de ce vif éclat; nous voulûmes regagner le faubourg Saint-Germain par la grille qui touche à la caserne, et lentement nous suivions la foule qui marchait lentement et d'un pas très-calme. On allait, on marchait sans effort, et rien ne paraissait plus facile que de sortir du Champ-de-Mars, quand tout à coup, sans qu'un seul cri se fît entendre, la foule s'arrête, elle recule; on dit autour de nous que la porte est fermée et qu'on ne passe pas. — A cette porte étaient tous les morts !

Comment ce malheur est arrivé à vingt pas de nous, sans que nous ayons entendu un seul cri d'effroi, sans qu'aucun mouvement nous vînt avertir que la mort était là-bas? comment, tout d'un coup et sans savoir pourquoi, toute la foule qui avait à sortir par cette porte fatale, s'en est éloignée, aimant mieux traverser tout le Champ-de-Mars que de s'obstiner plus longtemps à cette horrible issue? comment les uns sont morts et pourquoi les autres ont été sauvés? ce qui poussait ceux-ci à leur perte, ce qui a arrêté ceux-là, il est impossible de le dire; il est même impossible d'imaginer que tant d'hommes puissent être étouffés ainsi, sans plus de bruit qu'une vingtaine de pigeons dans un colombier.

Une fois tiré de ce pas, que nous ne savions point si difficile, nous avons trouvé le Champ-de-Mars à peu près vide. Quelques curieux plus osés que les autres avaient franchi, malgré la sentinelle, les palissades du parc d'artillerie, et ils s'approchaient des canons muets et chauds encore sans que la sentinelle y prît trop de garde. Tout avait un air si calme et si tranquille, et cette foule s'était écoulée, on peut dire même éclipsée si promptement, que pour tous ceux qui étaient ce soir-là dans le Champ-de-Mars ça dû être le lendemain une horrible nouvelle, et bien féconde en réflexions.

Le plus ému à ces tristes récits, c'a été le duc d'Orléans. Il était cinq heures du matin quand le ministre de l'intérieur lui vint apporter cette fatale nouvelle. Triste réveil après tant de joies amoncelées ! On voulut en vain cacher quelques heures encore cette horrible aventure à madame la duchesse d'Orléans ; avec cet instinct merveilleux que donne le cœur, madame la duchesse d'Orléans comprit à l'instant même que quelque chose s'était dérangé dans son bonheur. Tout le château des Tuileries se réveilla comme frappé de la foudre ; à chaque instant on comptait les morts, à chaque instant c'était un nouveau désastre. Le roi et le prince royal envoyaient de toutes parts pour savoir la fin de ces tristes nouvelles et pour apprendre quelles douleurs leur restaient à consoler, de quelles veuves ils devaient être les appuis, de quels orphelins ils allaient être les pères ? Jamais sollicitude ne fut plus touchante et plus active. La ville de Paris ne sut que bien longtemps après le roi tous ces désastres ; le conseil municipal, ainsi troublé dans les préparatifs de sa fête, s'assemble à l'instant même pour savoir si la fête aurait lieu ? Il y a tant de circonstances dans l'histoire des peuples où l'intérêt général doit l'emporter sur l'intérêt privé, où le deuil de quelques-uns ne doit pas troubler la joie de tous, que, malgré son affliction profonde, le conseil municipal hésitait encore à renoncer à toute cette fête si hautement annoncée, si hautement préparée, à laquelle tant d'existences étaient dévouées et tant d'affaires étaient soumises. M. le duc d'Orléans, impatient de ces débats et de ces lenteurs, veut lui-même s'en expliquer avec le conseil de la ville. Il ne se donne pas le temps d'attendre sa voiture, et, montant dans celle de M. le comte de Montalivet, il arrive à l'Hôtel-de-Ville, dans la salle du conseil, et là, d'une voix émue et avec une conviction pleine de tristesse et d'énergie, le prince royal prononce ce discours :

« Messieurs, a dit le prince, j'ai voulu venir moi-
» même vous exprimer, au nom du roi qui m'en a
» chargé, et en mon propre nom, la vive émotion qu'a
» excité en nous la démarche que vous venez de faire.
» J'ai voulu vous dire à tous, comme je l'ai déjà fait
» connaître à votre commission, les raisons que j'ai, le
» vif désir que j'éprouve de voir ajourner le bal qui de-
» vait avoir lieu ce soir.

» Ces raisons, messieurs, sont de deux sortes : les
» unes doivent être comprises de tous les bons esprits;
» les autres sont toutes de sentiment et de cœur. Je ne
» pense pas que les premières puissent être l'objet d'au-
» cune objection sérieuse, ni qu'il soit possible de diffé-
» rer d'opinion sur l'effet moral d'une fête donnée dans
» une semblable circonstance : les autres, celles qui sont
» un instinct du cœur, un résultat de l'impression qui me
» domine, je vous prie de les entendre et de les peser.

» Un grand malheur est arrivé hier, malheur dont on
» ne peut accuser personne, mais qui n'en est pas moins
» réel. Ce triste événement a eu lieu pendant une fête

» dont mon mariage était l'occasion. Eh bien! messieurs,
» je l'avouerai, j'éprouve une répugnance invincible à la
» pensée de me réjouir, de paraître même en public
» avant d'avoir rempli le devoir que m'impose ce déplo-
» rable accident, et avant d'avoir enterré les victimes,...
» je prie le conseil municipal de vouloir me laisser toute
» initiative dans cette triste occasion ; c'est à moi de por-
» ter des secours et des consolations aux familles de ces
» malheureux ; la ville de Paris peut me confier ce soin ;
» je serai fidèle à m'en acquitter !

» Jusque-là, jusqu'à cette réparation douloureuse et
» incomplète, je ne pourrais jouir des fêtes brillantes que
» la ville de Paris veut bien m'offrir, ainsi qu'à ma-
» dame la duchesse d'Orléans. Je veux que ce plaisir, si
» doux pour elle et pour moi, ne soit mêlé d'aucune amer-
» tume, et il faut pour cela, messieurs, que j'aie fait,
» que nous ayons tous fait notre devoir!

» Je sais qu'il s'agit d'un malheur particulier, d'une perte
» qui n'atteint pas la société entière, et que cette perte est
» du nombre de celles que le temps peut adoucir. Mais
» précisément parce que les victimes appartiennent à des
» classes laborieuses, il ne faut pas qu'on puisse dire
» que nous avons dansé près de leurs cadavres, que nous
» avons manqué au respect qui est dû à l'humble convoi
» du pauvre comme aux funérailles du riche !

» Personne n'apprécie plus que moi les considérations
» qui touchent l'industrie et les intérêts de la ville de
» Paris, et qui voudraient que la fête eût son cours ! Je
» sais, en toute occasion, la valeur de ces considérations
» et le respect que méritent ces intérêts ; mais tout nous

» commande de les sacrifier aujourd'hui, car les intérêts
» ne doivent pas faire la loi à d'aussi impérieux senti-
» ments que ceux qui nous animent tous en cet instant.
» Oui, vous la partagerez, messieurs, l'impression que
» j'éprouve, et votre décision prouvera que vous et moi
» nous nous sommes compris ! »

En conséquence de ces nobles et touchantes paroles, il a été décidé que la fête de l'Hôtel-de-Ville serait remise, que le repas préparé pour le roi serait distribué aux pauvres de la ville. — Le conseil allait encore voter des secours pour les malheureuses victimes du Champ-de-Mars ; mais le prince royal s'est écrié : *Ils m'appartiennent !* Le conseil municipal a donc laissé au duc d'Orléans tous ces deuils à consoler, toutes ces misères à secourir, et c'était bien la moindre consolation qu'on pouvait laisser au jeune prince dans une telle affliction !

II.

Mais après ces premiers instants d'une si légitime douleur et quand toutes ces infortunes ont été soulagées, quand tous ces morts eurent une tombe, quand tous ces vieillards eurent retrouvé un appui et tous ces orphelins un père, la famille royale ne pouvait plus se refuser aux vœux de la ville de Paris, heureuse et fière de recevoir ses hôtes, si impatiemment attendus.

En vain tout le luxe, tout l'éclat et toute la magnificence des arts se réuniront-ils pour orner l'Hôtel-de-Ville, jamais l'Hôtel-de-Ville n'oubliera, même pour un instant, sa sombre et imposante majesté. Nobles pierres, sérieuses et calmes, qui ont abrité tant de royautés dans toutes sortes d'appareils, chargez-les de peintures, remplissez-les de lumières, couvrez-les de fleurs; vains efforts, il y aura toujours quelque chose qui rappellera dans ces murs tant de révolutions qui s'y sont amoncelées. Mais cette réserve imposante ne pouvait pas déplaire au Roi de juillet. Ce roi déjà une fois a été l'hôte de l'Hôtel-de-Ville, un jour où le chemin était glissant, où les pavés de Juillet formaient d'eux-mêmes des barricades formidables, terrible jour qui vit s'enfuir la vieille monarchie pendant que la nouvelle monarchie, aux acclamations du peuple et à l'ombre du drapeau tricolore, allait entrer triomphante dans ses murs. Cependant, pour faire honneur au Roi et pour mieux recevoir la jeune duchesse d'Orléans, l'Hôtel-de-Ville s'était paré de son mieux.

Trois grandes salles formaient au premier étage le vaste théâtre de la fête. La salle du Trône est une salle immense; elle n'a pas moins de cent pieds de long, soixante pieds de large et trente-sept pieds de hauteur; elle est garnie de gradins élevés sur lesquels six cents femmes toutes parées peuvent s'asseoir à la fois. Au fond de cette salle se tient un orchestre formidable entouré d'un vaste amphithéâtre; sur un des côtés, recouverte d'un dais, s'élève l'estrade destinée à la famille royale. De cette salle et par quatre portiques qui traversent d'élégants salons, on découvre la salle élevée sur la cour; la salle était décorée d'une magnifique tenture rouge, avec les rideaux, les draperies et les portières de riche damas de même couleur, ornés de franges, de bordures, de glands et de galons d'or. Deux hautes et magnifiques cheminées ornent les extrémités de cette vaste salle; le plafond, qu'on prendrait pour quelque plafond des plus beaux temps de Fontainebleau, mêlait ses reflets d'or à l'éclat des lustres. Au milieu de la voûte, se balançait fièrement le vaisseau de cristal, brillant emblème de la ville de Paris. Le portrait du Roi, la croix de juillet représentée en or sur un fond blanc, les armes de la ville de Paris resplendissantes sur un champ barré des trois couleurs nationales, ajoutaient encore à l'éclat de cette décoration.

C'est dans cette même salle que le roi Henri II, l'an 1558, vint dîner à l'Hôtel-de-Ville. La salle n'était pas entièrement achevée ; il en changea lui-même le plan et la décoration. Cette salle a vu tour à tour la Ligue et la Fronde, les vainqueurs de la Bastille, les redoutables représentants de la Commune, les grandeurs de l'Empire et de la Restauration ; elle a vu naître et grandir la force nationale du gouvernement de juillet. Le banquet offert par la ville au roi Louis-Philippe était préparé dans cette salle.

De toutes parts, des génies, des écussons, des emblèmes, des chiffres entrelacés, des colonnes de marbre noir, des portes et leurs entablements en bois de chêne doré. Pour tout dire, le Roi a pu se croire dans la salle de Henri II, dans son palais de Fontainebleau.

Un vaste portique conduisait de la salle du Trône dans la salle construite sur la cour de l'Hôtel-de-Ville. Figurez-vous le plus ingénieux assemblage de colonnes, de portiques, de chapiteaux ; toutes les fantaisies du seizième siècle réunies à toutes les recherches de l'art oriental, et au milieu de cette enceinte un vaste jet d'eau qui répandait abondamment le murmure et la fraîcheur.

Au-delà de cette salle, une autre salle, toute disposée pour le bal, ouvrait ses portes à ses hôtes illustres. Dans cette salle on avait dressé des estrades magnifiques, des colonnes à fût doré et chargées de guirlandes ; et enfin un second orchestre non moins sonore que le premier.

On se perdait ensuite dans un véritable labyrinthe d'appartements somptueux, tentures de diverses couleurs, meubles magnifiques, or, soie et velours. Au rez-de-chaussée, deux salles avaient été réservées pour le banquet; les tables, les crédences étaient dressées au milieu d'une forêt de colonnes blanc et or; partout des fleurs, des arbustes, des orangers, des vases, des guirlandes, des bougies, des lustres, des bronzes dorés, du cristal, des glaces brillantes. Une galerie en bois conduisait par un vaste escalier improvisé, de la salle de bal à la salle du banquet, et cependant en avant de la façade, sur la place, une décoration qui rappelait les trois journées, éclairée au gaz, jetait au loin ses joyeuses lueurs.

La famille royale est arrivée à six heures.

Les deux préfets, le conseil général du département, les maires de Paris et les adjoints, les chefs de la garde nationale ont été recevoir le Roi sous la voûte de l'arcade parallèle à l'arcade Saint-Jean.

Les dames désignées pour aller au-devant de la Reine et des princesses étaient la comtesse de Rambuteau, madame Gabriel Delessert, madame Besson, femme du pair de France qui préside le conseil municipal; madame Jacqueminot, madame Bessas-Lamégie et madame la marquise de Marmier. On est passé dans la salle de Henri II.

La famille royale s'est rendue au banquet dans l'ordre suivant : le Roi avec la Reine des Français et la Reine des Belges, M. le duc d'Orléans et madame la grande-duchesse de Mecklembourg, M. le duc de Nemours et madame la duchesse d'Orléans, M. le prince de Joinville et madame Adélaïde, M. le duc d'Aumale et la princesse

Marie, M. le duc de Montpensier et la princesse Clémentine.

La table, où l'on comptait cent quatre-vingt-deux couverts, était disposée en fer à cheval. La famille royale occupait le haut bout de la table. A droite, en retour, étaient M. le chancelier, le président du conseil, et les ministres; à gauche, en retour, tous les maréchaux de France et le président de la Chambre des Députés; puis, indistinctement, les officiers de la maison du Roi, les généraux commandants de la division et de la place, les secrétaires-généraux de préfecture, les membres du conseil municipal, le doyen du conseil de préfecture, les sous-préfets et les colonels de la garde nationale. En dedans de la table, en face de la famille royale, étaient assis les deux préfets, le général Jacqueminot, madame de Rambuteau, madame Delessert, et les quatre dames qui avaient été comme elles au-devant de la princesse.

A la fin du banquet, le Roi s'est levé, et, au milieu du plus profond silence, il a porté le toast suivant :

« Monsieur le préfet, je veux porter un toast à la ville
» de Paris; je veux lui manifester combien je suis pénétré
» des sentiments qu'elle me témoigne, et combien je suis
» touché de ceux que lui inspire le mariage de mon fils
» aîné. Ce n'est pas seulement en mon nom que je parle,
» c'est au nom de toute ma famille que je vous remercie
» de l'accueil que vous faites à ma belle-fille, et de la fête
» splendide que vous nous donnez. J'en suis d'autant plus
» ému, que je me retrouve au milieu de vous, dans cette
» même salle qui me retrace tant de souvenirs; car c'est

« ici où je suis venu le 31 juillet, à travers les barricades,
« entouré et suivi des députés de la France, dont la voix
« m'appelait à assurer le triomphe de cette Charte si vaillam-
« ment défendue, et le maintien de toutes nos libertés et
« de toutes nos institutions constitutionnelles. C'est ici, c'est
« de cette fenêtre (dit le roi en montrant la fenêtre), que
« j'ai eu le bonheur de déployer, au bruit des acclamations
« prolongées de l'immense multitude qui couvrait la place
« et les quais, ce glorieux drapeau que j'étais si heureux de
« revoir, et ces couleurs chéries que nous reprenions avec
« tant d'élan. Je vous porte pour toast :

« *A la prospérité de la ville de Paris !*

« Vous savez tous, j'en ai la confiance, que c'est le but
constant de mes vœux et de mes efforts : vous en voir jouir
est la plus douce récompense que je puisse obtenir de mes
travaux et de mon dévouement à la patrie. »

L'assemblée tout entière répondit à ce noble discours
par le cri de *Vive le roi!* Bientôt la fête commença. Les
plus excellents artistes de Paris chantèrent une cantate de
M. Auber. La salle de bal, toute resplendissante sous l'é-
clat des diamants et des lustres, s'ouvrit devant les nobles convives : le roi, la reine, la duchesse d'Orléans, la
princesse Marie, qui attiraient tous les regards, en un mot,
la famille royale tout entière se mêlait à cette foule brillante
et parée : c'étaient des joies intimes, c'était un enthousiasme
plein d'espérance. Mais, hélas! nous sommes déjà si loin
de ces fêtes ! à quoi bon les rappeler ? à quoi bon revenir
sur ces solennités heureuses ? Depuis ce temps, la salle
de bal s'est écroulée, le deuil a remplacé les tentures de la
fête. A cette heure, les lustres de l'hôtel de ville éclairent

le chœur de l'église Notre-Dame. Non, plus de joie, plus de fêtes bruyantes, plus d'extases, plus de nuits passées dans la joie universelle : Dreux nous appelle dans ses caveaux mortuaires ! Dans les Champs-Élysées, sous ce même arc de triomphe témoin de tant de splendeur, quel est donc ce cortége funèbre qui s'avance? que signifient ces enseignes couvertes de crêpe, ces tambours voilés, cette armée silencieuse? Cela signifie que le principal convive de l'hôtel de ville, le héros de ces fêtes éclatantes que nous avons racontées avec trop de complaisance peut-être, que M. le duc d'Orléans est mort !

ALGER.

Donc revenons à des pensées plus sérieuses ; laissons là ces détails charmants naguère, aujourd'hui frivoles : nous aussi couvrons-nous du crêpe de deuil! Mais cependant, avant que de conduire à sa dernière demeure ce prince royal que pleure la France entière, essayons de raconter le peu qui reste de cette vie si cruellement tranchée. Qui nous eût dit que cette simple préface à la vie d'un prince, qui devait être si remplie, deviendrait une histoire complète, et que de tant de grandeur évanouie il ne resterait plus rien que ce lambeau de pourpre et ce linceul?

Nous allons retrouver le prince royal sur le théâtre principal de sa gloire, Alger, la plus récente et la plus solide conquête de la France. Douze ans de luttes et de travaux de tout genre l'ont à peine domptée, cette terre qui a résisté à l'empire romain tout entier, et qui se souviendra toujours de Mithridate. C'est encore aujourd'hui le même esprit de ruse et de courage, c'est la même audace dans l'attaque, la même habileté dans la fuite, le même mépris dans la fatigue et dans le danger. A voir comment l'Arabe attaque et résiste, on dirait bien moins un soldat qui va à la bataille qu'un chasseur de menu gibier qui s'abandonne à son exercice favori. Cette terre d'Afrique nous a coûté bien des larmes, bien du sang! mais, en revanche, elle a appris la guerre aux jeunes soldats de la France, elle nous a préparé de grands généraux pour l'avenir. M. le duc d'Orléans, en sa qualité de militaire, aimait l'Afrique comme un noble théâtre de son courage. Cette vie errante, ces vallons, ces montagnes, ces précipices, ces déserts, où vous rencontrez à chaque pas des vestiges de la domination romaine; cette jeune armée qui était entrée dans la gloire en même temps que le prince royal et qui semblait réservée aux mêmes travaux et à la même destinée, tout cela plaisait à l'ardeur du brave jeune homme. Il connaissait les soldats par leur nom; il était l'ami de tous les capitaines. Son premier fait d'armes en Afrique, ce fut l'expédition de Mascara, au mois de novembre 1855, deux ans avant son mariage; l'armée française se rappelait encore, non pas sans larmes ni sans honte, les revers de la Macta. Le duc d'Orléans accourut pour l'aider à prendre sa revanche. Rien n'était changé dans cette armée, mais seulement il y avait un soldat de plus, un hardi et vaillant soldat, plein d'audace, plein de zèle, d'une rare et infatigable activité d'esprit et de corps. A peine arrivé, le prince et l'armée se mettent à l'œuvre. Le 27 novembre, le prince royal arrive au camp du Figuier; le 29, l'armée prend position sur les rives de la Sig; le 50 novembre, on jette les fondements d'un fort. En moins d'un mois, sous les yeux du prince, s'élève la citadelle formidable à laquelle les soldats donnent le nom de fort d'Orléans. Tout d'un coup, contre ces citadelles à peine bâties, les Arabes se précipitent. On se rencontre au pied des montagnes de l'Atlas : l'armée de l'émir est vaillante et nombreuse ; ses cavaliers, véritables soldats numides, se précipitent à tout hasard sur l'armée française ; ils sont reçus à la baïonnette : c'est le duc d'Orléans qui commande ces charges brillantes. On le dirait, à le voir calme et hardi au plus fort du péril, un des plus vieux soldats de l'empereur Napoléon. Le lendemain 5 décembre, la bataille recommence, mais plus soudaine et plus active ; cette fois la Sig est franchie sur les ponts de chevalet; on s'élance au pas de course vers le bois de l'Habrah, défendu par les Arabes : ce n'est pas une bataille, c'est un duel corps à corps. On se bat ainsi pendant six heures. C'en est fait, la forêt est à nous ; mais il nous faut occuper la montagne. Sur cette montagne, le duc d'Orléans pousse ses soldats ; de ces hauteurs lestement conquises, notre artillerie éclate et tonne. Cette fois encore l'Arabe fuit au loin ; il faut le poursuivre : on le poursuit. Mais, pendant que la cavalerie d'Abd-el-Kader s'enfuit pour réparer ses pertes, arrive l'infanterie de l'émir, à plat ventre, dans d'horribles ravins. Tout d'un coup elle pousse un cri, elle fait feu de toutes parts : c'est une guerre à mort; le feu de l'Arabe est au-dessus de nos têtes. A ce moment périlleux et difficile, le prince royal, à la tête du 17e léger, se précipite pour s'emparer des batteries ennemies. C'était un feu terrible, c'étaient des hommes décidés à mourir; c'étaient des fanatiques défendant tout à la fois la croyance et la patrie, c'étaient les soldats les plus dévoués et les plus braves d'Abd-el-Kader : rien n'y fait ; le duc d'Orléans les aborde de front et se précipite dans cette horrible mêlée ; la mort répond à la mort, le carnage répond au carnage. Aux côtés du jeune capitaine, les uns tombent morts, les autres sont blessés grièvement ; lui-même il reçoit une balle à la cuisse : rien n'y fait, il va toujours. A la fin, l'Arabe, épouvanté d'une pareille attaque, cède la place et se perd dans le désert. Grâce à ces deux journées de combat, le chemin de Mascara était ouvert.

La route qui mène à Mascara est entourée de profondes ravines ; c'est moins un chemin tracé par la main des hommes, qu'un sentier escarpé qui obéit à toutes les sinuosités de la montagne. La marche fut longue, pénible, toute remplie de privations de tout genre. Dans ce cortége guerrier, le prince royal se faisait remarquer par sa bonne grâce, par son dévouement, par sa générosité chevaleresque ; il se contentait du pain du soldat, et il buvait de leur eau quand il y avait de l'eau ; à qui était blessé il cédait volontiers sa tente, son lit ou son cheval ; il était levé le premier et couché le dernier ; il excitait, par sa présence autant que par ses discours, chacun à bien faire. Amis et ennemis pouvaient le reconnaître à son burnous blanc, à son képi rouge ; et lorsque enfin le 8 décembre, au premier son de la diane, aux premières clartés du soleil levant, le prince royal put espérer qu'il allait encore rencontrer l'Arabe face à face, ce fut une grande joie. Aussitôt l'action s'engage par une vive fusillade : on se bat ainsi, vite et bien ; l'armée française marchait toujours en avant jusqu'au Nadar ; l'Arabe était de l'autre côté du fleuve tout prêt à défendre le passage. A la voix du prince, l'armée passe le fleuve : tout fuit à son approche, et le soir arrivé, après un combat de quatorze heures, ce fut dans toute l'armée un cri unanime : *Vive le roi! Vive le duc d'Orléans!* Désormais, grâce à tant de sang-froid, grâce à son courage, à cette intrépidité merveilleuse qui ne doutait de rien, la gloire du duc d'Orléans était acquise à l'armée d'Afrique : elle l'appelait son prince ; elle était heureuse et fière de leur gloire commune ; et maintenant, noble prince, si vous saviez combien ils vous pleurent, ces rudes soldats qui avaient fait de vos travaux leurs travaux, de votre sympathie leurs sympathies, de votre avenir leur avenir !

Dans cette campagne, si M. le duc d'Orléans avait échappé aux balles de l'Arabe, il n'avait pas pu échapper à l'influence meurtrière du climat ; la fièvre d'Afrique s'était emparée de cette jeune et vigoureuse nature, et peu s'en fallut que le prince ne succombât à ses violentes attaques : sa bonne constitution le sauva, mais on dut l'emporter mourant sur le vaisseau qui devait le ramener en France. La France le reçut comme un noble jeune homme qui s'était bien conduit et qui rapportait de bonnes nouvelles de l'armée d'Afrique. On parle sans cesse de la flatterie qui entoure les princes ; il y a deux choses qui n'ont jamais flatté les princes : la louange du soldat et le feu de l'ennemi.

Avant de quitter la terre d'Afrique où il s'était montré parmi les plus zélés et les meilleurs, M. le duc d'Orléans avait promis à l'armée qu'il prendrait en main sa défense et qu'elle trouverait toujours en lui un protecteur, un ami dévoué. Arrivé en France, M. le duc d'Orléans tint parole. Dans nos luttes de chaque jour, où tout s'oublie, tout ce qui n'est pas la passion du moment, la passion parisienne, M. le duc d'Orléans élevait la voix à chaque instant en faveur de l'armée d'Afrique. Partout où sa parole pouvait être utile, M. le duc d'Orléans se faisait entendre en faveur de cette armée abandonnée à elle-même et dont chaque année la chambre des députés mettait en doute l'existence. C'est M. le duc d'Orléans qui le premier s'est écrié que désormais l'Afrique était française. Bien plus, dans ses moments de loisir, M. le duc d'Orléans écrit l'histoire de ses campagnes ; il se fait lui-même l'historien de cette armée d'Afrique qu'il a vue à l'œuvre et qu'il va bientôt rejoindre : c'était là au reste une des habitudes du prince royal de se rendre compte jour par jour des actions, des événements et des pensées de sa vie. Dans ces pages qui ne seront un secret pour personne, l'homme qui le premier les ait lues après le roi et la reine, M. Charles Nodier, un juge habile, s'il en fût, dans toutes les choses du style et de l'esprit, a reconnu plusieurs des grandes qualités de l'écrivain, à savoir la clarté, la simplicité, l'énergie. Le prince, tout occupé à raconter les belles actions dont il a été le témoin, n'oublie personne, excepté lui-même ; on dirait, à le lire, qu'il n'a été que le témoin oculaire des actions qu'il raconte et qu'il a suivi la guerre de loin, comme faisaient autrefois les historiographes du roi Louis XIV. Nous sommes assez heureux pour pouvoir donner à nos lecteurs un exemple de la manière dont M. le duc d'Orléans écrivait l'histoire, une page écrite par lui, au camp de Saint-Omer au mois de janvier 1841, il y a dix-huit mois à peine. Vous verrez si, en effet, l'armée d'Afrique ne doit pas pleurer doublement le prince royal, comme son plus brave soldat et comme son plus digne historien.

« Le 2e léger (premier bataillon) est l'un des premiers
« corps de l'armée française qui ait touché le sol africain.
« A peine débarqué le 14 juin 1830, il contribue à enle-
« ver, sous les yeux du maréchal de Bourmont, les batte-
« ries algériennes de Sidi-Ferruch. L'issue de cette aven-
« tureuse campagne fut prévue de ce jour : l'attitude des
« troupes françaises en présence de l'ennemi ne permit plus
« de douter du succès.

« Le 19 juin, à la bataille de Staoueli, le 2e léger fait tête
« de colonne de la première division, et poursuit l'armée
« algérienne, qui, mise en déroute, laisse sur le champ de
« bataille, que vingt mille musulmans n'ont pu disputer à
« l'impétuosité française, neuf canons, quatre-vingts cha-
« meaux, toutes ses tentes et un riche butin.

« La même ardeur, que ni la chaleur ni la fatigue ne peu-
« vent ralentir, assure des succès analogues aux combats
« de Sidi-Khalef (24 juin), de Delhi-Ibrahim (4 juillet),
« et à l'investissement d'Alger, auquel le 2e léger prit
« part.

« Après cette glorieuse campagne, qui fit tomber en notre
« pouvoir Alger avec près de quinze cents canons, une flot-
« tille et un trésor de cinquante millions ; qui affranchit la
« mer de la piraterie et les chrétiens de l'esclavage, et ouvrit
« à la patrie les portes d'une nouvelle France, le 2e léger
« rentra en France.

En 1835, le régiment faisait partie de la division active
« des Pyrénées-Orientales, et, bien préparé par cette excel-
« lente école d'instruction militaire, il fut envoyé à Oran
« pour faire l'expédition de Mascara.

« A Tlemcen (janvier 1836), ce fut devant les compa-

« gnies d'élite du régiment qu'eut lieu, avant d'arriver à
« cette ville si intéressante, l'entrevue remarquable du ma-
« réchal Clauzel avec le vieux Mustapha Ben-Smayl.

« Au mois d'avril 1836, le 2e léger franchit le col de
« Téniah après un combat meurtrier, et les attaques achar-
« nées des Kabyles se renouvelant pendant cinq jours, n'ar-
« rêtèrent pas la construction d'une route vraiment digne de
« l'armée française.

« Dans la guerre de détail que le régiment fit ensuite dans
« la Mitidjah (de mai à octobre 1836), il sut acquérir cette
« intelligence individuelle, cette confiance réciproque entre
« des soldats disciplinés et des chefs éprouvés, véritables ga-
« ranties de la bonté d'une troupe.

« La première expédition de Constantine (novembre 1836)
« en fournit bientôt la preuve. Placé sur le Coudiat-Ati, le
« 2e léger (troisième bataillon) prit part aux combats dont
« ce point fut le théâtre ; et lorsqu'au milieu des terribles
« circonstances qui firent échouer l'expédition, sans abattre
« le courage des bonnes troupes, il fallut donner au maré-
« chal Clauzel des nouvelles de cette brigade séparée du
« reste de l'armée, ce fut un soldat du 2e léger qui s'offrit
« pour passer seul à travers les Arabes et franchir les ri-
« vières grossies par la neige. Il réussit, et doubla ses dan-
« gers et sa gloire, en retournant à son corps, où il rapporta
« les ordres du général en chef.

« Lorsque la retraite fut ordonnée, le 2e léger s'éloigna
« le dernier de Constantine, où il devait un jour entrer le
« premier par la brèche....

« Les combats qui détruisirent la coalition des Issers et
« des tribus de l'est (mai 1837) fournirent surtout au 2e lé-

« ger l'occasion de déployer ses qualités guerrières. Le plus
« brillant épisode de ces expéditions fut le combat de Bou-
« douaou (24 mai 1837), où, en rase campagne, huit cents
« hommes eurent la gloire de résister pendant sept heures
« aux attaques de plus de cinq mille musulmans, et de ter-
« miner une si belle journée par une charge à la baïonnette,
« qui décida la fuite de l'ennemi. Six cents de ces braves
« appartenaient au premier bataillon du 2e léger et étaient
« commandés par M. de la Torré.

« Toujours appelé là où était le danger, le 2e léger en-
« voyait son deuxième bataillon à Mjez-Amar, assez à temps
« pour qu'il contribuât à repousser Achmet-Bey, qui, avec des
« forces supérieures, avait tenté d'enlever le camp fran-
« çais (21, 22, 23 septembre 1837). Aussitôt après, il
« marchait sur Constantine à l'avant-garde commandée par
« le duc de Nemours, et prenait part à toutes les diverses
« opérations de ce siège mémorable.....

« Embarqué (octobre 1839) pour servir d'escorte au
« prince royal dans la province de Constantine, il fit partie
« de sa division dans l'expédition du Bibars, où il eut en-
« core l'occasion de se mesurer avec les Arabes.

« Lorsque Abd-el-Kader appela tous les musulmans à la
« guerre sainte, le 2e léger entra le premier en campagne
« contre l'émir, ravitailla tous les camps (novembre 1839),
« battit deux fois son infanterie régulière près de Blidah
« (14 et 15 décembre); enfin il détruisit un bataillon tout
« entier au combat d'Oued-Lalleg (31 décembre 1839), où
« le maréchal Valée conduisit lui-même la charge de cava-
« lerie et d'infanterie qui fit tomber en notre pouvoir trois
« drapeaux, un canon, les tambours, quatre cent cinquante

« fusils et trois cents cadavres de l'armée d'Abd-el-Kader.

« Deux rudes combats (15 et 29 janvier 1840) dégagent
« Blidah, bloquée de très-près par les troupes arabes, que
« le 2ᵉ léger écarte encore de l'armée pendant la marche
« sur Cherchell (mars 1840), et pendant ce pénible re-
« tour, dont le régiment supporta les épreuves avec sa vi-
« gueur et sa gaieté habituelles.

« Lorsque le prince royal vint reprendre pour la cam-
« pagne décisive du printemps le commandement de la pre-
« mière division de l'armée d'Afrique, le 2ᵉ léger continua à
« faire partie de cette division ; dès les premières rencontres
« avec l'ennemi à l'Azroun, à l'Ouedjer, le régiment se fait
« remarquer encore de toute l'armée (27 et 30 avril 1840).

« Quelques jours après, à l'attaque du Téniah de Mou-
« zaïa, défendu par toutes les forces de l'émir, le 2ᵉ léger
« monte le premier à l'assaut des redoutes arabes : ni des
« obstacles naturels, rendus cette fois presque insurmonta-
« bles par les efforts de l'art, le nombre et le fanatisme
« des défenseurs, ni les ravages d'un feu, hélas ! trop meur-
« trier, et auquel les soldats, escaladant avec leurs mains
« des rochers à pic, ne peuvent répondre qu'avec la baïon-
« nette, ne ralentissent l'élan de cette troupe électrisée par
« le colonel Changarnier. Tous les retranchements sont
« franchis, toutes les positions emportées à la première at-
« taque, et l'armée, d'une voix unanime, décerne au 2ᵉ léger
« la principale gloire de cette belle journée (12 mai 1840).

« Si l'on suit le régiment à Médéah, à Milianah, au bois
« des Oliviers, dans la vallée du Chéliff, partout on le
« voit, chargé des missions les plus périlleuses, s'en ac-
« quitter avec valeur et habileté (mai et juin 1840). Après

« avoir encore battu les Arabes dans les beaux combats
« livrés par le colonel Changarnier dans la vallée du Ché-
« liff, le 2º léger attaque (2 juillet) les Mouzaïa, qui se
« croyaient garantis de cette surprise par l'excès de la
« chaleur, et il fait un désert des montagnes inaccessibles
« où les vaincus s'étaient réfugiés.

« Le camp d'Ain-Taslazid se construit ensuite au milieu
« de l'été, et au prix de combats journaliers (août 1840).
« Tout à coup l'échec éprouvé par la garnison de Coléah
« (12 août 1840) relève le moral des Arabes abattu par tant
« de revers; il devient nécessaire de frapper rapidement un
« coup vigoureux : le 2º léger part aussitôt de ce camp, qui
« lui a coûté tant de fatigues; à travers des gorges impéné-
« trables et vivement défendues, il arrive à Médéah, dégage
« la garnison, et, en revenant, le général Changarnier lui
« ménage encore, au bois des Oliviers (29 août 1840), l'oc-
« casion de rougir une fois de plus ses baïonnettes dans le
« sang des troupes régulières de l'émir..... »

N'est-ce pas là, je vous prie, le sang-froid, la bonne grâce, la réserve prudente et la justice d'un historien qui sait tenir à la fois la plume et l'épée? L'histoire de tous les régiments de l'armée française devait être écrite ainsi sous les yeux même et par les soins de M. le duc d'Orléans.

Mais à peine était-il marié depuis deux ans, à peine avait-il tenu dans ses bras le comte de Paris, son premier fils, qu'une rumeur se répandit dans l'armée d'Afrique; le duc d'Orléans va venir, Constantine l'appelle. Il ne laissera pas ses frères d'armes courir sans lui tant de dangers; il voudra être à l'honneur, sinon à la récompense. Rien n'était plus vrai que cette nouvelle, dont le soldat faisait sa joie. En effet, malgré son mariage et tout le calme bonheur de la lune de miel, malgré les douces joies de la paternité, joies saintes qu'il sentait si vivement dans son cœur, M. le duc d'Orléans veut partir. Le roi s'opposait à ce départ, la reine pleurait à l'avance, le conseil des ministres résistait ; mais le prince royal restait ferme dans sa volonté. Alors, en désespoir de cause, la reine éplorée s'adresse à la duchesse d'Orléans, la priant et la suppliant d'empêcher ce départ au nom de son fils. Mais la princesse, digne de sa fortune, digne de son noble époux, n'opposa à cette résolution bien arrêtée qu'un front calme et serein. L'honneur le voulait, le duc d'Orléans avait donné sa parole, il devait la dégager sous les murs de Constantine, à la face de l'armée et de la France (1). Le prince arriva à Alger le 5 octobre 1839.

---

(1) Voici une lettre que M. le duc d'Orléans écrivait, à propos de cette campagne, à M. le général Létang. Nous ramassons en tout respect, ces souvenirs du prince, qui maintenant surgissent de toutes parts :

« Après bien des vicissitudes et bien des efforts contraires dont
« je vous épargne le récit, mon cher général, j'ai obtenu d'aller
« acquitter comme un homme d'honneur doit le faire, l'épée à la
« main et dans les rangs de l'armée, l'engagement que j'ai contracté
« en Afrique, lors de mon dernier voyage. Je pars sur-le-champ,
« de peur qu'on ne revienne sur cette décision ; mais je pars à de
« telles conditions que, pour m'y soumettre, il m'a fallu mon iné-
« branlable volonté de *tout* sacrifier au plus sacré de tous les de-
« voirs, à l'accomplissement d'une promesse d'honneur. Ne regret-
« tez donc pas, mon cher général, de ne pas venir avec moi ; pour
« moi personnellement, je le regrette vivement, car je vous appré-
« cie à toute votre valeur et vous suis attaché ; mais pour vous
« (avec les exigences auxquelles j'ai dû, pour obtenir ma place de

Il partit d'Alger le lendemain pour se rendre à Constantine, en passant par Bougie et Jigelly. Le 8, le prince débarqua à Stora. Le lendemain il traversa la ville de Philippeville. Le 10, il s'enfonça dans les terres. Le surlendemain, après avoir traversé la vallée du Rummel, toute couverte de palmiers, de cyprès, d'oliviers, de ruines romaines, soudain il voit venir au-devant de lui une députation de toutes les tribus arabes de la province, depuis Guelma jusqu'à Sétif, et en même temps une partie de l'armée française, qui venait pour recevoir leur général. Au-dessus de toutes ces admirations et au-dessus de tous les enthousiasmes qui saluaient le prince royal, se dressait Constantine. La voilà donc la ville formidable qui n'est plus qu'un monceau de ruines ! Les voilà donc ces murailles imprenables qui ont été couvertes du plus noble sang de la France ! C'est donc là qu'ont été tués ou blessés tant de hardis soldats, tant de valeureux capitaines, et ce maréchal de France, qui a été rapporté mort sous le dôme royal des Invalides ! Le passage du duc d'Orléans à Constantine fut signalé par cet enthousiasme sérieux qui précède toutes les grandes entreprises. On voulait le voir, on voulait l'entendre. Ces ruines

« bataille pour la troisième fois à l'armée d'Afrique, me soumet-
« tre), il n'y aurait eu rien à faire qui ne fût au-dessous de ce que
« vous avez déjà fait.

« Adieu, mon cher général ; je penserai souvent à vous au milieu
« des troupes que vous avez toujours si bien guidées.

« *Signé* FERDINAND.

« *À Monsieur le général Létang, à Arras.* »

s'étaient parées, en son honneur, du drapeau tricolore; ces arcades romaines avaient été changées en arcs de triomphe. Cinq jours après, le duc d'Orléans était à Mascara. Plus il allait, et plus s'entassaient sous ses pieds les vestiges de la domination romaine. C'est ainsi qu'il s'arrêta dans sa route sur un emplacement tout couvert des plus nobles débris. Son ambition eût été de ramasser ces pierres illustres, et de faire dresser à Paris quelque monument séculaire, avec cette inscription : *L'armée d'Afrique à la France.* Le 24, le prince et l'armée étaient à Sétif, et le lendemain, à huit heures du matin, la colonne se mettait en marche, on ne savait encore pour quelle expédition inconnue. Mais jugez de l'émotion du soldat lorsque, le 26, à six heures du matin, l'armée vint à découvrir, dans un lointain lumineux, comme une apparition fantastique. Quel était donc ce point noir qui absorbait tous les regards ? Quel était ce but étrange, mystérieux, vers lequel s'élançaient toutes les âmes, toutes les pensées, tous les courages ? C'étaient les Portes-de-Fer, devant lesquelles avaient reculé les Romains ; c'étaient les colonnes d'Alcide de ce pays sauvage, un lieu redouté, du haut duquel le Dieu de l'Arabe protégeait, dit-on, les croyants. On avance, on se presse, on arrive sur ces formidables hauteurs. Parvenue là, l'armée voit se dérouler devant elle ces vallons et ces montagnes. Ce n'était déjà plus le même pays ni la même nature ; c'étaient les Alpes, c'étaient les Pyrénées, c'étaient les villages de la Provence, cachés dans leurs bouquets d'oliviers et d'orangers. En marchant ainsi, chaque jour et à chaque pas que faisait l'armée, les Portes-de-Fer semblaient disparaître dans le lointain. Ce sera donc demain que nous pourrons franchir ce passage redouté ; mais, hélas ! l'armée se divise ; une partie rentre à Constantine avec le général Galbois ; l'autre partie va suivre le duc d'Orléans dans les périls de son voyage. On se dit adieu. Les favorisés de la fortune suivent le prince ; mais plus que jamais la route était difficile. Cependant l'armée avait pénétré hardiment dans les ténèbres et dans le silence de la vallée : tout d'un coup la vallée se rétrécit, et alors l'armée pénètre entre deux murailles de rochers à perte de vue : un sentier se présente, il faut le suivre ; il faut gravir des rochers à pic, descendre dans des vallées profondes, s'engager dans des murailles de neuf cents pieds de hauteur. Le ciel voulut que l'Arabe n'ait jamais pu croire à tant de témérité de l'armée française ; car, du sommet de ces murailles, il aurait pu l'écraser tout entière sans qu'un seul homme échappât.

Figurez-vous ce chaos qu'on appelle les Portes-de-Fer ; vous entrez d'abord par une ouverture de huit pieds de large, pratiquée perpendiculairement dans une de ces grandes murailles ; les ruelles latérales vous conduisent jusqu'à la deuxième porte, si étroite qu'un mulet chargé peut à peine y passer. La troisième porte est à quinze pas plus loin, en tournant sur la droite. A cinquante pas se présente, toute béante, la quatrième et dernière ouverture, après quoi le défilé commence à s'élargir. Voilà ce qu'on appelle les Portes-de-Fer. Dans ces profondeurs se précipite l'avant-garde au bruit des tambours, au son des trompettes, aux acclamations unanimes de l'armée qui écrit de sa main triomphante sur ces murailles vaincues : *Armée française*, 28 *octobre* 1859. Après le premier instant d'admiration, l'armée abandonne sa conquête ; le lendemain, sur le midi, on se repose enfin (hommes et chevaux n'avaient pas trouvé d'eau depuis cinquante-deux heures), après quoi on se remet en marche. Il s'agissait de franchir la première chaîne de l'Atlas et de rentrer dans Alger par le chemin de terre, par le bon chemin, comme disait le prince royal; mais enfin l'ennemi se montrait de nouveau; l'armée passait par des villages ennemis; des tirailleurs arabes se faisaient entendre à chaque instant; il fallait charger cet ennemi qui s'enfuyait toujours. Ainsi la marche du prince royal fut une marche triomphale. Alger qui ne l'attendait pas sitôt, Alger le reçut avec des cris d'enthousiasme et d'orgueil. Cette fois toute la distance qui sépare Alger de Constantine avait été reconnue; les Portes-de-Fer avaient été franchies. C'en était fait de toutes ces fables et de toutes ces terreurs. Le duc d'Orléans entra dans Alger le 2 novembre. Là il prit congé de son armée par un discours dont elle a gardé le souvenir. C'était un spectacle admirable: ce chaud soleil, cette armée triomphante qui se déploie dans la plaine de la Mitidja, ce jeune prince dans tout l'éclat de la joie et de la jeunesse, ces peuples divers, Kabyles, Biskris, Mosabites, se précipitant sur les pas du jeune capitaine, au son de leur musique nationale, et tout au loin la mer bruyante, et les Maures et les Arabes, et les femmes indigènes enveloppées dans leurs voiles blancs, et les canons des forts. Le surlendemain, la colonie donnait un banquet au prince royal et à son armée; après quoi le prince royal, lui-même, invite à un banquet immense la colonie et l'armée tout entière; les officiers et les soldats, et entre autres le brave 25e de ligne, qui revenaient du Bibars, étaient les convives du prince; ils étaient assis quatre mille à la même table. La place Bab-el-

Oued servait de salle à manger, le fort Neuf servait de cuisine; la fête était immense, universelle. Le dîner fini, le prince royal monte sur la table, et de cette voix sonore, qui était bien la voix du commandement et de l'enthousiasme :

« Au nom du roi, s'écrie-t-il, je porte cette santé :

« *A l'armée d'Afrique et à son général en chef, le maréchal Valée, sous les ordres duquel elle a accompli de si grandes choses!*

« A cette armée qui a conquis à la France un vaste et bel empire, ouvert un champ illimité à la civilisation, dont elle est l'avant-garde! A la colonisation, dont elle est la première garantie!

« A cette armée qui, maniant tour à tour la pioche et le fusil, combattant alternativement les Arabes et la fièvre, a su affronter, avec une résignation stoïque, la mort sans gloire de l'hôpital, et dont la brillante valeur conserve dans notre jeune armée les traditions de nos légions les plus célèbres!

« A cette armée, compagne d'élite de la grande armée française, qui, sur le seul champ de bataille réservé à nos armes, doit devenir la pépinière des chefs futurs de l'armée française, et qui s'enorgueillit justement de ceux qui ont déjà percé à travers ses rangs!

« A cette armée qui, loin de la patrie, a le bonheur de ne connaître les discordes intestines de la France que pour les maudire, et qui, servant d'asile à ceux qui les fuient, ne leur donne à combattre, pour les intérêts généraux de la France, que contre la nature, les Arabes et le climat!

« Au chef illustre qui a pris Constantine, donné à l'Afrique française un cachet ineffaçable de permanence et de stabilité, et fait flotter nos drapeaux là où les Romains avaient évité de porter leurs aigles !

« C'est au nom du roi, qui a voulu que quatre fois ses fils vinssent prendre leur rang de bataille dans l'armée d'Afrique, que je porte ce toast.

« C'est au nom de deux frères dont je suis justement fier, l'un vous a commandés dans le plus beau fait d'armes que vous ayez accompli, et l'autre s'est vengé au Mexique d'être arrivé trop tard à Constantine, que je porte cette santé à la gloire de l'armée d'Afrique. »

L'armée répondit à ce toast royal par des applaudissements unanimes ; après quoi le plus ancien des lieutenants du 25°, M. Salaun Peuquer, s'approchant du prince, lui offrit une palme d'honneur cueillie dans les Portes-de-Fer : « Monseigneur, disait l'officier, cette palme vous est offerte par les soldats de votre division ; ils l'ont cueillie au Bibars, et ils vous l'offrent comme un emblème de toutes les vertus guerrières dont vous leur avez donné l'exemple. »

A ces mots, le prince royal, se tournant vers le maréchal Valée, et lui montrant cette palme, verte encore : « Monsieur le maréchal, lui a-t-il dit, je vous demande la permission de l'accepter.

— La voix du soldat est la voix de Dieu, monseigneur, » lui répondit le maréchal. Alors le prince royal, se retournant vers les officiers et sous-officiers de la division :

« Jamais, leur dit-il, jamais je ne pourrai vous exprimer combien je suis ému et touché : je contracte en ce moment vis-à-vis de vous une dette que je tâcherai d'acquitter quelque jour. Dans les moments difficiles je me rappellerai que j'ai reçu cette palme de ceux dont l'héroïque persévérance emporta Constantine d'assaut : dans les privations, je me rappellerai qu'elle me fut donnée par des hommes dont aucune souffrance ne lassa l'énergie; et quand, au jour du danger, je vous représenterai cette palme, vous vous souviendrez à votre tour que vous l'avez cueillie dans des lieux réputés inaccessibles, et vous saurez prouver alors que rien n'est impossible à des soldats français. »

Au mois de mars 1840, vous retrouverez le prince royal en Afrique; les Arabes s'étaient agités de nouveau, ils avaient mis à profit ces deux années de relâche pour préparer leurs armes, pour apprêter leur colère, pour revenir plus nombreux et plus forts contre les établissements de la France; partout la mort, partout la dévastation et le carnage. A la nouvelle de cette rébellion, le duc d'Orléans se met en marche; cette fois il n'est pas seul, il amène avec lui son jeune frère d'Aumale, hier un enfant, aujourd'hui un soldat; hier encore tout animé par les luttes du collège, aujourd'hui heureux et fier de se trouver sur un champ de bataille. Par une chance heureuse, le duc d'Aumale arrive à l'armée une heure avant le combat; il était là, regardant de tous côtés et se demandant par où l'ennemi allait venir, lorsque soudain les cris terribles partis des ravins de la Froum annoncent l'arrivée de l'Arabe. L'ennemi se précipite de toutes parts dans la plaine pour se mettre en bataille; mais le duc d'Orléans, qui connaît l'ennemi, se précipite sur ces bataillons épars; il les attaque l'un après l'autre, et son frère, le voyant faire, le suit au pas de course, car M. le duc d'Aumale voulait gagner ses éperons dans la même journée; il les gagna en effet : le prince, son frère, lui dit qu'il était content. Cependant l'émir, qui jouait une grande partie, s'était retranché, lui et son armée, au col de Mouzaïa ; il était décidé à disputer le passage, et il avait pris toutes ses mesures. La position était formidable, elle était protégée par douze redoutes dont cinq étaient armées de canons. Les cavaliers d'Ab-el-Kader devaient mettre pied à terre et se battre comme des fantassins ; l'émir lui-même était à leur tête, bien décidé à ne pas reculer d'un pas. Le prince royal, interrogé par le maréchal Valée, répondit : « Attaquons toujours. » Cependant l'armée française repasse le torrent ; on dirait qu'elle renonce à se porter sur Mouzaïa ; puis tout d'un coup l'armée, se retournant, se précipite sur l'Arabe qui la poursuivait tout à l'heure et qui maintenant n'ose même pas l'attendre : les hauteurs du défilé sont emportées à la baïonnette. Restait le défilé même à emporter ; alors le général Changarnier s'écrie : « En avant ! à la baïonnette ! » En même temps, le général Duvivier, le prince royal, le général Lamoricière, s'avancent sous le feu de l'ennemi : c'en est fait, il faut vaincre ou mourir. Le prince royal franchit un ravin qu'on croyait infranchissable ; le duc d'Aumale, à pied, marche à la tête des grenadiers du 23ᵉ. L'ennemi, ainsi attaqué, résiste avec rage, mais enfin il s'enfuit de toutes parts. Du sommet de ces hauteurs à jamais conquises, les trois colonnes triomphantes, dans un enthousiasme unanime, agitent leurs drapeaux et leurs épées en criant : « Vive la France ! vive le duc d'Orléans ! » Ah ! ce fut là un beau fait d'armes, ce fut là une heure bien-aimée dans la vie du prince, heure de triomphe et d'éclat. Des hauteurs de Mouzaïa, que la vie lui paraissait belle ! que l'avenir était vaste ! quel immense horizon royal ! Ici la terre d'Afrique qui marchait enfin à des destinées pacifiques ; là-bas, le royaume de France, la terre de l'intelligence et du génie, de la liberté et de la gloire, le plus beau royaume que le soleil éclaira jamais de ses feux, la France souveraine de Charlemagne, de Henri IV et de l'empereur Napoléon. Oui, là-bas, mieux que cela, non pas mieux que la France, juste ciel ! mais mieux qu'un royaume : une famille, un père, le fondateur de sa dynastie ; une mère qui est une sainte sur la terre avant d'être une sainte dans le ciel ; une épouse adorée, un enfant, qui déjà connaît son père par un sourire. Que dis-je, hélas ! et quelle vaine erreur nous fascine tous les uns et les autres ? Sonnez, trompettes ; tambours, battez aux champs ; flottez dans le ciel brûlant de l'Afrique, drapeau tricolore ; revenez, Arabes, au col de Mouzaïa, et si vous avez quelque pitié dans le cœur, recommencez la guerre à l'instant même, jusqu'à ce que le prince royal tombe sous vos coups, car alors il mourra avec joie, et la France trouvera des larmes moins amères pour le pleurer.

LE
TREIZE JUILLET.

Pourquoi faut-il qu'une destinée royale si brillante soit tout à coup et si misérablement interrompue? A peine commencions-nous cette histoire de toutes les prospérités de la gloire et de la jeunesse, que déjà notre récit s'interrompt et se brise. Cette illustre biographie s'arrête éperdue, malheureuse, frappée par la mort. Nous en étions à l'espérance à peine, et nous voilà en plein deuil. Il nous faut, hélas! abandonner pour jamais ces fêtes brillantes, ces palais splendides, ces jardins de François Ier et de Louis XIV, ces fêtes de l'hyménée, ces joies, ces bonheurs, ces triomphes... et pourquoi faire, juste ciel! pour quelle tristesse? pour quelle pitié? pour quelle douleur?

Sur les rives de la Seine, quand vous avez traversé les Champs-Élysées et l'arc de triomphe de l'Étoile, en laissant à votre gauche le bois de Boulogne, si vous faites encore quelques pas du côté de cette maison qui se cache là-bas sous les arbres, vous arrivez dans l'avenue qui conduit au palais de Neuilly. Cette avenue est entourée de quelques jolies maisons bourgeoises, entremêlées d'assez pauvres cabarets où viennent se reposer les bourgeois de Paris le dimanche, où se désaltèrent les ouvriers des fortifications toute la semaine ; c'est un pêle-mêle incroyable de luxe et d'indigence, de pauvreté et de misère. Ici les princes de la richesse, et tout à côté de pauvres diables qui vendent à tout venants leur pain bis et leur gros vin. Vous êtes à la fois dans l'endroit le plus splendide de la campagne parisienne et dans l'endroit le plus misérable. Ici la maison bourgeoise des ducs d'Orléans, maison et ferme tout à la fois, noble enceinte remplie de moissons et de vendanges, où le laboureur est le maître tout le jour, où, le soir venu, se pressent en foule les plus grands noms de la monarchie, et, tout à côté de ces demeures royales, quelques pauvres échoppes qui tremblent au vent. Sur le chemin qu'on appelait naguère le chemin de la Révolte, mais qui n'est plus qu'un chemin de deuil et de douleur, un riche Anglais, lord Seymour, s'est fait construire une demeure princière, véritable palais élevé par un riche amateur au luxe, aux beaux-arts et surtout aux chevaux de course. Là, tout en face, un pauvre marchand de vin s'était réfugié, lui et sa famille, dans une espèce de trou sans air et sans soleil où les plus pauvres gens allaient chercher une hospitalité d'une heure. Remarquez bien ce terrible passage, regardez la trace récente de ces deux pavés fraîchement enlevés ; voyez à droite et à gauche ces splendeurs et ces misères ; tout à l'heure encore le passant indifférent s'arrêtait à peine, mais maintenant il n'est personne qui ne fasse une halte en ce lieu. Nous étions au 15 juillet de cette funeste année 1842, le prince royal devait partir le même soir pour aller commander quarante mille hommes au camp de Saint-Omer ; chemin faisant, il devait prendre sa femme aux eaux de Plombières pour lui faire partager les joies et les fêtes de ce voyage. Elle et lui, ils étaient attendus par ces populations empressées. Déjà se dressaient de toutes parts les arcs de triomphe, les fêtes se préparaient, et vous pensez si la princesse Hélène était heureuse. Le prince royal avait passé la nuit au château des Tuileries ; le roi et la reine étaient à Neuilly, et il leur avait fait ses adieux la veille, des adieux de quinze jours qui devaient être éternels. Ce jour du 15 juillet, le prince s'était levé plus matin que d'habitude ; il avait donné tous ses ordres pour le départ ; il s'était surtout inquiété des fourgons de la princesse royale. Lui-même il avait préparé à sa femme toutes sortes de surprises, car il était, avant tout, un mari tendre et dévoué. Sur les dix heures, son maître de mathématiques, M. Guérard, un savant homme qui pleure son meilleur et son plus illustre disciple, était venu pour assister au déjeuner du prince royal, et le prince, comme c'était son habitude, avait proposé à son maître un de ces difficiles problèmes qui font la joie des plus savants algébristes ; on trouverait encore sur l'ardoise de son cabinet d'étude cette dernière pensée du prince royal. Cependant, comme il avait encore du temps devant lui, il voulut aller dire un nouvel adieu à son père et à sa mère. Il pensait à la joie de cette arrivée inattendue. On ne l'attendait plus, on sera si heureux de le revoir. Donc il donne l'ordre que sa voiture soit attelée, et que cependant, si elle n'est pas prête pour onze heures, il ne sortira pas, car à midi il est attendu par d'importants devoirs. Malheureusement le prince royal n'était que trop obéi par ses domestiques, il avait une si bonne façon de commander. Donc à onze heures on lui dit que sa voiture était prête. Il dit adieu à M. Guérard : « Au revoir, Guérard, et pas pour longtemps ; nous vous attendons aux eaux de Plombières » En même temps M. Guérard l'entendit qui disait à son piqueur : « A Neuilly, par la Révolte. » Sa voiture était une calèche fort légère, traînée par deux chevaux attelés à la Daumont. Le prince royal avait pour les chevaux toute la passion d'un homme de son âge. Sans en faire son occupation principale, il y apportait toutes sortes de soins et de dépenses. Ses chevaux brillaient dans les courses de Chantilly et du champ de Mars, son haras de Meudon avait une célébrité bien méritée, ses écuries étaient remplies de beaux attelages ; il aimait tout ce luxe du sport. Et comme d'ailleurs il était un très-habile écuyer, comme il était aussi leste que hardi, il n'avait jamais pensé au danger de cette passion pour le cheval. Plus d'une fois même, des accidents imprévus avaient mis ses jours en péril : des chevaux qui s'emportent, des harnais qui se brisent, un essieu qui se rompt, une branche d'arbre qui vous heurte au passage, un sanglier qui revient sur ses traces... A tous ces accidents, le roi fronçait le sourcil, et d'une voix qui voulait être sévère : « Monsieur, quand on a l'honneur d'être le prince royal, on n'a pas des chevaux qui s'emportent et des essieux qui se brisent. »

Les chevaux attelés au léger phaéton étaient deux chevaux anglais de haute taille et de forte encolure, deux bêtes ardentes et impatientes qui s'animaient par leur propre course, et qui couraient comme si elles voulaient se dépasser elles-mêmes. L'homme assis sur le porteur était un jeune homme très-adroit et très-habile ; il avait sauvé la vie au prince, et le prince, qui l'aimait, se plaisait à être conduit par lui. De ces deux chevaux, le porteur n'était pas un animal des plus paisibles ; il avait toutes sortes d'impatiences soudaines et inexplicables qui le rendaient redoutable ; mais pour les amateurs de chevaux le danger est un charme de plus, le danger ajoute beaucoup à ces sortes de plaisirs.

Par une de ces fatalités cruelles dont l'on ne se souvient qu'après l'accident, l'écuyer de M. le duc d'Orléans s'était plaint le matin même de son porteur, disant qu'il ne répondait pas de la vie du prince ; mais on n'avait répondu à ses plaintes qu'en lui demandant s'il avait peur ? Ce sont là, du reste, de ces plaintes après coup auxquelles on ne s'attache que pour expliquer toutes les misères inexplicables ; toujours est-il que les chevaux allèrent leur pas ordinaire jusqu'à la barrière de l'Étoile. Plusieurs personnes reconnurent le prince et le saluèrent ; il était seul et dans les plus belles apparences de la santé et de la force. Jamais, en effet, il ne s'était senti mieux portant et plus heureux, et il le disait le matin même, dans cet orgueil innocent de l'homme qui sent en lui-même la force et l'énergie d'une vie de trente ans. Tout d'un coup cependant les chevaux s'animent, ils prennent le galop, ils s'emportent : la porte Maillot a été bientôt dépassée, et comme ils se précipitaient ardemment dans l'avenue qui conduit au château de Villiers, qui est une des dépendances de Neuilly, soudain ils se sentent arrêtés et poussés dans le chemin à côté. A ce moment, nul ne peut dire ce qui arriva, si le prince, dans la crainte d'être brisé sur les fortifications, a sauté de sa voiture, ou bien si quelque choc plus violent l'a précipité malgré lui ; mais enfin, quelle qu'en ait été la cause, le choc a été mortel, le princee a été brisé sur les deux pavés dont nous vous parlions tout à l'heure. Pas un mot, pas un cri, pas un geste, rien, sinon le cadavre d'un jeune homme de trente ans que ramassent des maçons qui passent : « Quel dommage, se disaient-ils, un si beau jeune homme ! » Un gendarme leur annonça que c'était en effet S. A. R. le duc d'Orléans qui venait de mourir.

Les faiseurs de drames et les poëtes qui entreprennent encore le poëme épique auront beau se mettre l'esprit à la torture pour inventer, pour arranger convenablement les plus poignantes douleurs, trouveront-ils jamais rien qui ressemble au drame qui se passa en ce moment ? Ces trois ou quatre hommes qui relèvent ce cadavre, ce gendarme qui dit le nom du mort, cette cabane qui s'ouvre pour le recevoir, non pas une cabane de paysan, dont la pauvreté même n'est pas sans élégance, rustique misère dont la poésie et la peinture et même l'histoire, ces grandes arrangeuses de toutes choses, finissent toujours par tirer un beau et bon parti ; mais un de ces intérieurs sans nom comme Paris seul en présente : du vin, de l'eau-de-vie, des tables rougies, des meubles brisés, des murailles lézardées, des matelas que l'on jette à terre dans l'arrière-boutique, et sur lesquels était étendu l'héritier direct d'une si grande monarchie, pendant qu'à deux pas de là, cette maison toute grande ouverte, la maison paternelle toute remplie de serviteurs empressés, la plus opulente maison de la France, sous ses lambris dorés, sous ses frais ombrages, la maison tout entière, y compris le roi et la reine des Français, appartient à ce noble jeune homme. Ah ! c'est triste à dire, c'est triste à voir ! Tel est pourtant l'admirable bon sens des hommes du peuple de France, qu'ils ont mieux aimé transporter le prince royal dans cette humble boutique habitée par un Français, que de le porter dans la maison hospitalière de lord Seymour. « Il n'est pas juste, disait un ces hommes, qu'un prince de France meure chez un Anglais. »

Cependant, à Neuilly même, le roi se préparait à venir aux Tuileries ; il prenait congé de la reine, il espérait arriver assez à temps à Paris pour embrasser son fils aîné encore une fois avant son départ ; tout à coup, dans cette maison si calme, si heureuse, tombe comme la foudre, ce bruit avant-coureur de toutes les sinistres nouvelles. Vous ne savez pas encore ce qu'on vous veut, ni ce qu'on vous dira, mais déjà vous frémissez jusqu'à la moelle de vos os ; l'épouvante s'empare de votre âme, vous restez muet, anéanti, confondu, éperdu : est-ce bien la réalité ou plutôt n'est-ce pas le jouet d'un rêve funeste ? Le messager lui-même qui vous apporte ces terribles nouvelles s'arrête soudain au milieu de son récit commencé ; il se demande à lui-même s'il est réveillé ou s'il dort, et s'il est bien sûr du récit qu'il raconte ? Telle a été l'angoisse de la maison de Neuilly ; puis enfin, quand le roi et la reine eurent compris ce qu'on voulait leur dire, que le prince royal, leur enfant bien-aimé, était là, à leur porte, étendu presque mort (on disait *presque mort* par pitié pour eux !), les voilà qui courent au hasard, tête nue, sans pleurer, sans demander où ils vont ? Ils arrivent ainsi dans ce cabaret, qu'à peine avaient-ils remarqué dans leurs beaux jours, et ils se jettent à genoux au bord de ce grabat qui contient tout leur enfant. Que ceux qui pourront l'écrire racontent cette scène de deuil et de misère ; même ceux qui en ont été les bien tristes témoins ne peuvent et n'osent pas raconter ces sanglots, ces larmes, ces silences, ces étonnements, ces prières, ces angoisses stupides; eux aussi, tout comme l'historien qui veut se mettre par la pensée au niveau de pareilles douleurs, ils n'ont rien vu, ils n'ont rien appris, ils ne savent rien : ne leur demandez rien, ils ne sauraient que vous répondre; mais le plus étonné de tous ceux-là, ce devait être le propriétaire de cette masure. Quand il a vu arriver chez lui tous ces fantômes de roi et de reine qui pleurent sans vouloir être consolés ; quand il a entendu retentir, sous son plafond enfumé, tous les grands noms de cette monarchie aux abois, cet homme-là a dû se dire tout bas à lui-même : « Pourquoi donc tous ces gens-là prennent-ils ma cabane pour le château de Neuilly?... » Ce n'était pas le château de Neuilly, cette cabane, c'était désormais une chapelle funèbre ; cette cabane était devenue un tombeau, ce grabat s'était changé en autel.

A chaque instant accouraient à ce lit de mort les membres épars de la famille royale, madame Adélaïde, madame la princesse Clémentine, M. le duc de Montpensier, qui revenait de Vincennes, M. le duc d'Aumale, qui arrivait de Courbevoie. Quand cette nouvelle fut apportée à M. le duc d'Aumale, il était à la salle d'armes, un fleuret à la main; cette nouvelle sembla l'abattre un instant à force de surprise et de douleur ; mais bientôt, prenant sa course à tout hasard, le jeune prince se précipite sur le chemin qui mène à Neuilly. Un cabriolet de place venait de Paris, le cheval était fatigué, le cocher refusait de venir sur ses pas :

« Va, dit le prince, songe que tu mènes un frère vers son frère qui se meurt. » Disant ces mots, il prend les rênes, le cocher bat son cheval, ils arrivent ainsi près de la maison mortuaire ; mais à cet instant, le cheval s'abat, le cabriolet se brise, le prince tombe à trois pas de là sur les pavés ; il se relève, et prend sa course jusqu'au lit du duc d'Orléans : « Mon frère ! mon frère ! Oh ! Joinville, que vas-tu dire ? Oh ! Nemours, où es-tu ? » Aux cris déchirants de ce jeune homme, les assistants répondaient seulement par leurs sanglots.

M. le duc d'Orléans n'avait reconnu personne, pas même sa mère ; le reste de cette vie puissante et énergique qui était en lui luttait péniblement contre la mort : lutte horrible, acharnée, incroyable. De cette tête brisée, la pensée ne voulait pas sortir ; de ce corps déchiré, la vie ne voulait pas s'enfuir. Un râle profond et sonore sortait de cette poitrine haletante ; sur ses deux mains encore agissantes, la reine et les princesses versaient des larmes avec des prières si ferventes ! Le roi s'était relevé, il était debout, et, la main sur la tête de son enfant, il le bénissait du fond de l'âme ! Cependant, tout en désespérant de la science, les médecins, ne se ralentissaient pas ; ils étaient accourus de toutes parts ; le docteur Vincent Duval le premier, homme habile, dévoué, plein de science et d'énergie ; après lui, le chirurgien du prince, son ami, on peut le dire, le docteur Pasquier, ébloui et confondu, lui aussi, de tant de misères inattendues. Soins inutiles, prières que le Ciel n'exauça pas, dernière et impuissante torture infligée à ce cadavre. Quand le roi vit qu'il n'y avait plus d'espoir, il envoya chercher la duchesse de Nemours que, dans sa prévoyance paternelle, il avait tenue éloignée de ce fatal spectacle; en même temps était arrivé le clergé de Neuilly; et la reine, qui n'espérait plus qu'en Dieu, invoquant la sainte Rosalie de Palerme, sa patronne, tourna un dernier regard d'espérance vers les consolations de là-haut. L'agonie dura quatre heures. Enfin, le Ciel eut pitié, non pas de ceux qui pleuraient, mais du jeune homme étendu sur ce lit de mort; le prince royal rendit à Dieu son âme honnête et pure : les convulsions s'arrêtèrent, le râle cessa, il était mort. Dans une pièce voisine le roi entraîna la reine; là s'étaient réunis les maréchaux de France et les ministres : personne ne parla à personne, le plus profond silence pouvait seul contenir tant de douleurs.

Sur un brancard fut placé le corps du prince expiré; des sous-officiers du 17e régiment d'infanterie légère furent chargés de transporter ce précieux fardeau dans la chapelle de Neuilly. Par un singulier et triste concours, c'était avec les soldats du 25e, les mêmes soldats des Portes-de-Fer, des hauteurs de Mouzaïa, les mêmes qui avaient offert à leur jeune général la palme triomphale du Bibars. Pleurez, soldats, pleurez votre jeune capitaine; pleurez le chef qui vous aimait, pleurez ce hardi courage qui vous conduisait à la victoire par ses vives et impétueuses saillies; mais que dira l'armée d'Afrique, quand cette nouvelle funeste va retentir d'Alger à Constantine : « Le duc d'Orléans est mort ? »

Un manteau blanc avait été jeté sur le corps du prince, comme on fait pour un général mort à l'armée. Le roi et la reine, madame la princesse Adélaïde, madame la duchesse de Nemours, madame la princesse Clémentine, M. le duc d'Aumale, M. le duc de Montpensier, suivaient à pied le cortége funèbre; venaient ensuite M. le maréchal Soult, les ministres,

M. le maréchal Gérard, les officiers généraux, les officiers du roi et des princes, et puis la foule silencieuse, contristée, pleurante. A voir passer de loin cette immense douleur, ce père, cette mère, ces frères, tout ce monde royal qui parcourt d'un pas lent et désespéré l'avenue de Sablonville, on se serait demandé si ce n'était pas là une de ces visions que nous montre Dante dans son poëme? Ainsi on entra dans le parc de Neuilly, déjà la chapelle était ouverte; heureuse chapelle! jusqu'à ce jour elle n'avait retenti que d'actions de grâces et de douces prières! La princesse Marie elle-même, quand elle mourut, n'avait pas reposé sur ces dalles; c'était le sanctuaire heureux de la famille, mais aujourd'hui la chapelle est pleine de deuil, elle s'étonne du cadavre placé là, le premier-né de la maison.

NEUILLY.

Quand le roi et la reine furent quelque peu abandonnés à eux-mêmes, et quand ils eurent considéré quelle perte ils venaient de faire, il n'est pas de plume assez éloquente qui puisse dire ce qui se passa dans leur âme; cependant le roi se rappela que l'espoir de la France était en lui; que, faute d'un homme, la monarchie ne devait pas périr, et que son devoir était, cette fois encore, de venir en aide à la monarchie qu'il a fondée. « *Avec lui je me sentais bien fort,* » disait le roi après les premiers sanglots. Son premier soin fut de réunir autour de sa personne la famille royale tout entière. A l'instant même le roi veut qu'on aille chercher au château d'Eu, et que M. Boismillon les ramène, les deux enfants du prince royal, le comte de Paris et le duc de Chartres, deux orphelins maintenant, l'aîné plus à plaindre cent fois que son frère cadet, car déjà la couronne le menace, et toutes les passions s'agitent autour de sa royauté naissante. Le roi veut aussi qu'on aille chercher madame la duchesse d'Orléans aux eaux de Plombières ; la première pensée de Sa Majesté a été pour sa belle-fille : « Pauvre Hélène ! que va-t-elle dire ? » Le roi envoie au-devant de la princesse, et chargées d'une lettre de sa main, madame la duchesse de Nemours et madame la princesse Clémentine : au moins elles pleureront ensemble le prince qui leur était cher ; c'est M. Bertin de Vaux, officier d'ordonnance du prince, et M. Chomel, son premier médecin, qui apporteront les premiers à Plombières la nouvelle de cette mort. En même temps le roi veut que le duc d'Aumale se rende au pavillon Marsan pour mettre les scellés sur les papiers du prince royal. Le pavillon Marsan, disposé et embelli par les soins de M. le duc d'Orléans, était devenu comme un précieux et rare musée où tous les beaux-arts contemporains étaient représentés dans ce qu'il y avait de plus populaire et de plus choisi : le prince aimait les beaux-arts avec le goût le plus éclairé, la passion la plus indépendante et la mieux sentie ; dans ce pavillon Marsan, rempli de tant de belles choses, où tous les artistes contemporains étaient représentés par leurs œuvres les plus soudaines et les plus vives, M. le duc d'Orléans recevait l'élite de la France. Ses charmants salons étaient ouverts aux sommités de la politique et de l'armée, des belles-lettres et des sciences. Là, vous pouviez admirer tout à l'aise, à côté des toiles les plus brillantes, des bronzes les plus exquis, des plus vieux meubles sauvés dans la poussière des âges, toutes sortes de gracieux souvenirs de famille ; car, chez M. le duc d'Orléans, la famille passait avant toute chose. Dans cet asile embelli pour sa femme, sa femme régnait en souveraine, et, avec elle, le roi et la reine, et les frères du prince et ses enfants. Mais à présent qu'il n'est plus, l'heureux habitant du pavillon Marsan, combien ces demeures doivent être sombres et tristes déjà! Quel voile de deuil s'est répandu sur ces murailles brillantes; ces salons, remplis de tant d'harmonies savantes, de tant d'illustrations diverses, où la causerie vive et piquante s'élançait incessamment dans les vastes champs de la grâce et de l'esprit français, tout cela n'est plus que ruines, deuil, vanité, tristesse éternelle. Quand M. le duc d'Aumale est entré dans la maison de son frère, il a retrouvé encore une maison vivante : la page commencée, le livre entr'ouvert, l'aumône toute préparée pour les pauvres du chemin; bien plus, une lettre écrite par le prince royal à sa femme, huit grandes pages toutes remplies d'effusion et de tendresse, dans lesquelles les deux enfants tenaient tant de place; et le portrait de Winterhalter au plus bel endroit de ce cabinet si rempli de grandes choses; et parmi les papiers du prince, les travaux de sa pensée, le résultat de ses lectures, le souvenir de ses batailles, toutes sortes de calculs et de prévisions : l'œuvre d'un prince, mais l'œuvre incomplète et interrompue :

<blockquote>
Pendent opera interrupta minæque
Murorum ingentes!
</blockquote>

Fatal et douloureux spectacle! A mesure qu'il interrogeait les tristes reliques de son frère, de son prince bien-aimé, comme M. le duc d'Aumale a dû être ému et charmé en voyant que son frère était encore plus grand et meilleur qu'il ne l'avait imaginé lui-même! Combien ses regrets ont dû être plus vifs et plus tendres en comprenant quel modèle il venait de perdre, et quel grand roi la France avait perdu! Certes, le roi des Français aurait voulu donner à son fils, M. le duc d'Aumale, une leçon impérissable de sagesse, de prudence et de prévoyance, il n'eût pas trouvé une leçon plus complète que la révision funèbre des dernières pensées de M. le duc d'Orléans.

Cependant M. le duc de Nemours était à Nancy. Ce prince, vers qui, tout d'un coup, se sont tournées toutes les pensées de la France, avait été jusqu'à ce jour aussi éloigné de la popularité que de l'envie. On ne sait quelle idée singulière les Parisiens s'étaient formée de M. le duc de Nemours, mais, à les entendre, il poussait la fierté jusqu'à l'orgueil ; aussi le Parisien se tenait à distance. Comme le prince, dans sa réserve, ne se sentait aucune envie de rien céder à cette froideur qu'on lui marquait, il en était résulté que le duc de Nemours était estimé tout simplement comme un bon gentilhomme, et comme un brave soldat qui savait bien le métier de la guerre. M. le duc de Nemours n'en demandait pas davantage ; il s'était dit à lui-même qu'il ne jouerait jamais en France que le second rôle, et, sous ce frère aîné qu'il admirait avec passion, il s'estimait trop heureux de servir. De son côté, M. le duc d'Orléans avait une profonde et rare estime pour les nobles qualités de M. le duc de Nemours ; il le trouvait plein de bon sens, plein de courage, d'une science calme et réfléchie, d'une amitié solide et qui ne se jetait à la tête de personne. En toute occasion, M. le duc d'Orléans avait rendu pleine et entière justice à la valeur de M. le duc de Nemours. Il était sept heures du matin, le duc de Nemours passait la revue du 1er régiment de hussards, le même régiment qui, en 1830, avait suivi d'un élan si chevaleresque le duc de Chartres, son jeune colonel. Dans cette inspection, le duc de Nemours était, comme toujours, calme, réfléchi, et ne donnant qu'à bon escient sa louange ou son blâme : tout à coup le prince voit arriver à lui, puis pâlir et s'arrêter, le général Vilatte ; c'était une douleur si grande sur la figure de cet énergique soldat, que le prince en fut frappé. « Général, s'écria-t-il, êtes-vous malade ; qu'avez-vous ? — Oh ! monseigneur, reprit-il, je suis porteur d'une horrible nouvelle. — Je vous comprends, dit le prince, le roi est tué. » Le roi est tué ! Ah ! certes, voilà une cruelle réponse, mais bien méritée, si vous pensez à tant d'assassinats et à tant d'embûches. Le roi est tué ! voilà donc la première idée qui vient à un fils du roi en pleine paix, quand tout fait silence dans la fureur des partis.

« Monseigneur, répondit le général Vilatte, le roi est vivant ; mais le prince royal est mort, il est mort hier à la suite d'une chute de voiture. » C'est alors qu'on a pu bien voir si, en effet, M. le duc de Nemours avait un cœur tendre et dévoué ; c'est alors qu'on a pu voir les nobles et chaleureux sentiments que cache cette froideur apparente. Depuis le jour de cette mort funeste, les larmes, le chagrin, la douleur, les regrets les mieux sentis, tous ce qu'un cœur fraternel peut contenir d'angoisses, de sanglots et de larmes, ont fait de M. le duc de Nemours comme une espèce de fantôme qui voit sans rien voir, qui écoute sans rien entendre. On dirait qu'une maladie funeste a ravagé à plaisir toute cette belle jeunesse ; il n'y a pas jusqu'au sentiment de sa dignité présente, jusqu'à la nécessité qui a fait de lui la première personne du royaume après le roi, qui ne soit pour M. le duc de Nemours un aiguillon de sa douleur. Mais qu'importe? on parlera encore longtemps de l'orgueil et de l'insensibilité de M. le duc de Nemours !

Durant ces heures funestes, quand tout Paris est plongé dans la consternation, quand les villes de la France se demandent entre elles s'il est bien vrai que M. le duc d'Orléans soit mort? le palais de Neuilly restait plongé dans cet ombre funeste et sanglante ; on eût dit un vaste tombeau où chaque membre de la famille royale arrivait l'un après l'autre : aujourd'hui le comte de Paris et le duc de Chartres, le lendemain le duc de Nemours, le surlendemain la duchesse d'Orléans elle-même. A chaque nouveau venu recommençaient les sanglots de la famille royale ; c'étaient toujours les mêmes larmes, mais plus brûlantes et plus amères : on se retrouvait pour partager la désolation commune. Où était-elle la maison paternelle si heureuse, si remplie d'air, de soleil, d'oiseaux qui chantent, d'eau qui murmure, de fruits qui mûrissent, de visages calmes et contents? A peine arrivé, ce n'étaient que tentures funèbres, larmes sanglots, gémissements, silences plus tristes encore. Il fallait passer dans cette chapelle ardente tendue de noir, s'agenouiller au pied de ce cercueil, réciter l'office des morts, entendre psalmodier les prêtres à l'autel. Cependant les médecins s'étaient encore une fois emparés du cadavre; on le disséquait pour l'embaumer, on l'embaumait pièce à pièce, lambeau par lambeau. Sur cette tête brisée le sculpteur jetait son plâtre humide, et le plâtre conservait fidèlement l'empreinte de ces nobles traits qui n'avaient pas été déformés par la mort. Ainsi nous vivions heure par heure sur toutes sortes d'affreux détails : on nous disait comment le cadavre du prince avait été enveloppé dans un linceul de toile cirée, comment il avait été enseveli dans un cercueil de plomb avec l'uniforme d'officier général, son grand cordon, ses épaulettes, son épée et son képi d'Afrique ; comment ce premier cercueil de plomb avait été renfermé dans un cercueil de chêne revêtu de noir à clous d'argent, et autres affreux détails. Le cœur du prince mort avait été mis à part dans une urne de plomb, scellée comme le cercueil. Dans une bouteille de verre, le procès-verbal de toutes ces misères avait été soigneusement enfermé ; même on ajoute que le roi a voulu écrire on ne sait quelles paroles suprêmes qui ont été enfermées dans ce même verre, sans doute la louange du fils qu'il a perdu ; noble et touchante oraison funèbre ! Mais les générations à venir en auront le secret le jour seulement où le temps qui égalise toute chose remettra en lumière même les cendres de ceux qui ne sont plus.

La duchesse d'Orléans était donc, comme nous disions, aux eaux de Plombières, heureuse et fière entre toutes les femmes. Elle attendait son jeune époux qui allait revenir ; elle se promettait toutes les joies heureuses d'une personne aimée qui s'en va à travers les fêtes et les louanges d'un peuple entier. Le jour où la fatale nouvelle arriva, la princesse était à la promenade à admirer les beaux paysages ; ses convives l'attendaient chez elle, ses pauvres l'attendaient à la porte et sur le chemin. A son retour, la princesse royale allait se mettre à sa toilette, lorsque le général Baudrand, qui l'accompagnait, lui annonça une dépêche du préfet, qui parlait assez confusément d'un accident arrivé au duc d'Orléans. « Mais, ajoutait le général Baudrand, qui vit pâlir tout d'un coup la malheureuse femme, que Votre Altesse Royale se rassure, le prince n'est peut-être pas en danger.

— Il faut partir! s'écria la princesse, partir à l'instant même : le duc d'Orléans me grondera, mais je veux le voir. » Deux heures après, elle était en route, Dieu sait dans quelles transes infinies ! Cependant la nuit tombait, le ciel se couvrait de nuages ; la montée d'Épinal est rude et austère : au sommet de la montagne deux hommes arrêtent la voiture de la princesse ; c'était M. Bertin de Vaux, c'était M. Chomel. A la vue de ces deux amis dévoués de son mari, nobles et sincères amitiés que le prince royal savait reconnaître, la princesse se sent frappée au cœur. « Eh quoi ! dit-elle, il est donc bien malade? » Eux cependant ils n'osèrent pas dire qu'il était mort. Alors ce fut une douleur muette ; puis bientôt des cris et des sanglots, puis enfin des larmes amères : elle voulait mourir, elle voulait le suivre, elle accusait le Ciel et les hommes, elle se faisait répéter ce grand cri : Il est mort ! elle se le répétait à elle-même ; elle ne pouvait pas croire, la pauvre femme, la profondeur et l'étendue de son malheur.

Quelques lieues plus loin, et véritablement la crise était trop forte pour qu'elle durât plus longtemps sans briser ce cœur si dévoué et si tendre, madame la duchesse d'Orléans rencontra ses deux sœurs, mesdames la duchesse de Nemours et la princesse Clémentine : la même voiture reçut les trois femmes éplorées. Alors, se voyant ainsi entourée de tant de larmes et de tant de regrets, et comprenant qu'elle n'était pas seule malheureuse, la princesse se calma quelque peu ; elle s'abîma dans le silence de sa douleur ; seulement, de temps à autre, la reprenaient les sanglots et les larmes avec ces cris étouffés : « Il est mort ! mon Dieu, il est mort ! »

Puis, elle l'appelait tout bas ; elle lui parlait de son plus doux langage allemand, parlant ainsi, sans le savoir, la même langue que, lui aussi, il avait parlée en mourant.

Comme la nouvelle de cette douleur s'était répandue, chacun, dans le chemin, faisait silence autour de ces royales misères : tous les fronts se découvraient, tous les yeux se remplissaient de larmes ; on a vu de braves gens faisant le signe de la croix. Pour arriver à Neuilly, il fallut faire le tour de Paris : le roi était là qui attendait sa belle-fille. Ce n'était plus l'entrevue de Fontainebleau, que nous vous avons décrite avec tant de complaisance ; ce n'était plus la fiancée heureuse et fière, la joie dans les yeux et le triomphe sur son jeune visage, c'était une mère, une veuve, une femme au désespoir qui redemande à Dieu et aux hommes le mari qu'elle a perdu. On lui amena ses enfants ; elle les pressa sur son cœur en les baignant de ses larmes, après quoi elle demanda à voir son mari mort. « Encore une fois le baiser des derniers adieux ! Par pitié, par charité, ne me refusez pas ! » Ainsi elle priait, elle suppliait, elle disait qu'elle voulait le revoir ; elle se précipitait sur le cercueil : le cercueil était sourd, muet, immobile, fermé à tout jamais !

Arrivèrent à leur tour le roi et la reine des Belges. La reine des Belges était une tendre amie de M. le duc d'Orléans ; l'absence même et l'éloignement avaient contribué à leur faire trouver leur amitié fraternelle plus douce et plus charmante. A l'exemple de ses frères et de ses sœurs, la reine des Belges voyait dans M. le duc d'Orléans le chef de la famille ; elle était fière de sa protection et de son appui ; elle se souvenait d'ailleurs, non pas sans reconnaissance et sans orgueil, que, du trône où elle était assise, M. le duc d'Orléans, bien jeune encore, avait été le plus dévoué et le plus courageux défenseur, tant il avait eu hâte de payer sa dette à la royauté naissante de sa sœur. Voilà comme à chaque instant recommençaient les gémissements et les larmes. Bientôt ce fut au tour du prince de Joinville. Il était parti, plein de joie et d'orgueil, pour une expédition nouvelle ; il montait encore une fois ce vaisseau qui lui est si cher ; il était entouré de ces jeunes marins avec lesquels il est allé chercher si loin la dépouille mortelle de l'empereur Napoléon ; lui aussi, il est arrêté dans sa course par la fatale nouvelle ; lui aussi, il abandonne en toute hâte son œuvre commencée. C'était, dit-on, un spectacle plein de larmes, que de voir le prince de Joinville, sur toute la route de Toulon à Paris, arrêtant les voyageurs pour demander des nouvelles de son frère. Et maintenant que les voilà tous réunis autour du cercueil funèbre ; maintenant que l'aïeul et les petits enfants, et les têtes blanchies, et les têtes bouclées, maintenant que toute cette famille au désespoir n'a plus qu'un seul et même cri de douleur, essayons de raconter ces funérailles royales, qui, parties de la chapelle de Neuilly, et célébrées à l'église de Notre-Dame de Paris, ne se sont arrêtées que dans les caveaux funèbres de l'église de Dreux.

Nous avons donné, à la page 82, l'acte de mariage de M. le duc d'Orléans, voici l'acte de décès du prince.

A si peu de distance !

Extrait des registres de l'état civil de la maison royale.

Du mercredi treizième jour du mois de juillet mil huit cent quarante-deux, à dix heures du soir.

Acte de décès de très-haut et très-puissant prince Ferdinand-Philippe-Louis-Charles-Henri d'Orléans, duc d'Orléans, prince royal, né à Palerme, le trois septembre mil huit cent dix, fils de très-haut, très-puissant et très-excellent prince Louis-Philippe, premier du nom, roi des Français, et de très-haute, très-puissante et très-excellente princesse Marie-Amélie, reine des Français, marié à très-haute et très-puissante princesse Hélène-Louise-Elisabeth, princesse de Mecklembourg-Schwerin, décédé cejourd'hui, à quatre heures après midi, en une maison sise commune de Neuilly, département de la Seine, où il avait été transporté à la suite d'une chute de voiture.

Le présent acte dressé par nous, Étienne-Denis baron Pasquier, chancelier de France, président de la chambre des pairs, grand-croix de l'ordre royal de la Légion d'honneur, remplissant, aux termes de l'ordonnance royale du 25 mars 1816, les fonctions d'officier de l'état civil des princes et princesses de la maison royale; accompagné de Élie duc Decazes, pair de France, grand référendaire de la chambre des pairs, grand-croix de l'ordre royal de la Légion d'honneur; assisté de Alexandre-Laurent Cauchy, garde honoraire des archives de la chambre des pairs, chevalier de l'ordre royal de la Légion d'honneur;

En présence et sur la déclaration de Jean-de-Dieu Soult, duc de Dalmatie, pair et maréchal de France, ministre de la guerre, président du conseil des ministres, grand-croix de l'ordre royal de la Légion d'honneur, né à Saint-Amans-la-Bastide (Tarn), âgé de soixante-treize ans, premier témoin;

Et de Nicolas-Ferdinand-Marie-Louis-Joseph Martin (du Nord), garde des sceaux, ministre de la justice et des cultes, grand officier de la Légion d'honneur, né à Douai (Nord), âgé de cinquante et un ans, second témoin;

Fait au château royal de Neuilly, où nous nous sommes transportés en vertu d'ordres du roi, et où le corps du prince décédé, placé dans la chapelle du château, nous a été représenté par Louis-Marie-Jean-Baptiste baron Athalin, pair de France, lieutenant général, aide de camp du roi, grand officier de la Légion d'honneur.

Et ont les personnes ci-dessus désignées signé avec nous après lecture faite. Au château de Neuilly, les jour, mois et an que dessus.

Signé : Maréchal duc DE DALMATIE, N. MARTIN (du Nord), baron ATHALIN, le duc DECAZES, PASQUIER, AL. CAUCHY.

LES FUNÉRAILLES.

(30 JUILLET.)

Depuis déjà dix-sept nuits et dix-sept jours, la maison royale de Neuilly était plongée dans la douleur et le silence; plus de bruit, plus de mouvement : on devine, rien qu'à passer sous ces murailles, que le deuil les remplit. Couché dans son cercueil, le prince royal, au milieu des prières et des larmes, attend enfin que les caveaux funèbres de l'église de Dreux s'ouvrent pour le recevoir. Dans son testament, écrit la veille de ses départs et de ses batailles, le prince royal formait le vœu que ses funérailles fussent sans apprêt; c'est la seule de ses dernières volontés qui n'ait pas été suivie. Vivant et mort, il appartenait à la France : le deuil du roi était le deuil de la nation. Aussi le 30 juillet, à l'instant même où la première messe des morts avait été célébrée, le palais de Neuilly a-t-il été envahi par tous les corps politiques de l'État; c'étaient les maréchaux de France et les ministres, les chefs de la garde nationale et de l'armée, qui venaient pour redemander à sa famille éplorée les restes précieux du prince royal. A ce moment d'une dernière séparation, le père et la mère du jeune homme étendu là sentent de nouveau se réveiller toute leur douleur, les larmes reviennent dans ces yeux fatigués de pleurer. Hélas! savoir que leur fils était là encore, s'agenouiller à toutes les heures de la nuit et du jour auprès de ce cercueil, c'était là comme une amère consolation dont ils vont être privés. Désormais, c'en est donc fait, il va disparaître tout entier ce fils glorieux et tant aimé : on ne verra donc plus même ce drap funèbre arrosé de tant de larmes. Il ne sera plus là chaque jour au milieu de sa famille éplorée. Mais la France était aux portes du palais de Neuilly, qui redemandait l'illustre mort pour lui rendre son dernier hommage de louanges et de respects. Il fallut obéir; le roi le premier donna l'exemple de la résignation; la reine courba la tête à cette nouvelle de la séparation éternelle. Madame la duchesse d'Orléans, elle-même, jeune femme si à plaindre, quand elle entendit tous ces bruits qui se faisaient autour du cercueil, se précipita à genoux dans la chapelle; elle le défendit, ce mort qui lui avait été si cher, par ses gémissements et par ses larmes.

Au dehors du palais, tout s'agitait pour rendre des honneurs convenables au jeune prince si cruellement et si rapidement enlevé par la mort. La grande ville s'était levée de bonne heure; de bonne heure elle avait pris ses armes, ses drapeaux, ses enseignes; elle s'était placée en silence sur l'immense avenue qui conduit de Neuilly à l'arc de triomphe, et de l'arc de triomphe à l'église Notre-Dame. Ce n'était pas, à coup sûr, le mouvement animé des jours de fête, des revues brillantes ; c'était quelque chose de calme, de silencieux, plein de dignité et de réserve. Le peuple lui-même s'était senti pénétré de la tristesse générale, et, sans faire son bruit accoutumé, il se plaçait sur le passage du convoi funèbre. Enfin, à neuf heures du matin, le chancelier, le président de la chambre des députés, les députations des deux chambres, l'archevêque et le clergé de Paris, les chanoines de Saint-Denis, ont pénétré dans la chapelle royale ; là, le roi, la reine, madame la duchesse d'Orléans, madame la princesse Adélaïde, achevaient leur prière : c'était l'heure de la séparation dernière. La reine et les princesses se retirent en jetant des cris déchirants, le roi reste auprès du cercueil avec ses quatre fils ; il veut assister au départ de son enfant, il veut l'accompagner jusqu'à la porte de sa maison. Ils traversent ainsi d'un pas ferme, le roi et ses fils, ce vaste et beau domaine où se passa l'enfance heureuse du prince royal. Là, il aimait à vivre ; là, il trouvait, aux jours de repos et de calme, toute sa famille bien-aimée. Mais déjà nous voilà à la porte du parc : le roi bénit son fils une dernière fois, le cercueil est placé sur un char funèbre d'une grande magnificence, le poêle est en velours noir croisé en drap d'argent, le char est richement ciselé ; quatre génies ailés supportent la couronne royale ; les quatre angles supportent des casques antiques aux plumes flottantes ; sur les pentes du char, sur les caparaçons, aux deux portières, brille l'écusson du prince royal ; les cordons du poêle sont tenus par MM. le maréchal duc de Dalmatie, le chancelier de France, le président de la chambre des députés, MM. les ministres de la justice et des affaires étrangères, MM. les maréchaux comte Molitor et comte Valée, Paris tout entier, dans une attente muette, regardait de loin, pour saluer au passage le cortége qui allait venir. Au reste, nous ne saurions mieux faire que de répéter, dans ses moindres détails, la relation d'un témoin oculaire, homme plein de cœur, qui a suivi, la douleur dans l'âme, ces imposantes funérailles. Nous aussi, cependant, nous l'avons vue cette immense et royale procession, si remplie de majesté et de douleur, de tristesse et d'éclat; nous avons vu passer, l'un après l'autre, tous ces soldats et tous ces citoyens, comme dans une vision funèbre, sous un ciel qui semblait se couvrir d'un voile. Mais, à l'historien le mieux disposé, combien de détails qui échappent, combien de noms propres qu'on ne peut retrouver dans la foule, et comme on est fâché d'oublier, ne fût-ce qu'un seul homme, dans ces solennités où la France tout entière demande sa part de tristesse et de deuil !

Dans ce cortége funèbre, aussi bien que, deux jours plus tard, dans l'église de Paris, et sur le chemin qui mène au caveau de l'église de Dreux, les quatre fils du roi ont attiré, par leur douleur profonde, par leur tenue sévère, par leur jeunesse, toutes les sympathies des multitudes. M. le duc de Nemours, M. le prince de Joinville, le duc d'Aumale et le duc de Montpensier, tout couverts d'un long manteau de deuil, ont rendu, autant qu'il était en eux, le dernier devoir à leur frère : on les a vus toujours les premiers à la tête du char, auprès du cercueil.

Entre le char et les princes, trois officiers de M. le duc d'Orléans portent, sur des coussins de velours violet, les insignes de l'illustre défunt; M. le comte de Montguyon, la couronne; M. de Chabaud-Latour, l'épée; M. Bertin de Vaux, la grand'croix et le cordon de la Légion d'honneur.

Derrière les princes, suivent les grandes députations de la chambre des pairs et de la chambre des députés, conduites, l'une, par M. le duc de Broglie, par M. le baron Séguier et par M. le comte Portalis, vice-présidents; l'autre, par M. Clément et le général Leydet, questeurs, assistés de MM. les secrétaires provisoires.

Une compagnie de grenadiers de la garde nationale de Neuilly, qui a fourni le matin une garde d'honneur auprès de la chapelle, ferme la marche du cortége.

Arrivé à la grille d'honneur, le convoi s'arrête.

Les princes montent en voiture. Les maréchaux, placés auprès du cercueil, montent à cheval. Le corps du prince royal, qui avait été rapporté à Neuilly le 15 juillet, on sait au milieu de quel douloureux cortége! en franchit le seuil pour jamais! Et, de ce moment, tout se dispose pour le cortége extérieur, qui bientôt se met en marche dans l'ordre suivant :

En tête, les corps de troupe, infanterie, cavalerie, gendarmerie, garde municipale, garde nationale, artillerie, chasseurs d'Orléans, dont le programme que nous avons publié récemment a donné les noms, assigné les rangs et désigné la place dans cet immense convoi. Les troupes de ligne sont en grande tenue, sac au dos, les drapeaux et étendards voilés de deuil, les officiers le crêpe au bras, à l'épée et au sabre, les tambours couverts de serges noires, les trompettes avec sourdines, les généraux en tête de leurs brigades, les colonels et lieutenants-colonels, sapeurs et musique en tête de leurs régiments, le tout dans une tenue admirable, marchant tristement et fièrement. La garde nationale rivalise avec la troupe pour la régularité des mouvements, pour la beauté des lignes ; elle n'a jamais été si nombreuse et si belle. Elle est en grande tenue d'été. Deux bataillons tirés de la 4e et de la 7e légion, et la 15e légion tout entière, commandée par M. le comte de Montalivet et remarquable par le nombre et la bonne tenue, représentent la garde nationale dans le cortége. Toutes les autres légions de la Seine forment la haie à droite du convoi, la plupart sur trois rangs, depuis la grille du château de Neuilly jusqu'au parvis de Notre-Dame, dans l'espace de plus de deux lieues. Plus de quarante-deux mille hommes sont sous les armes. L'attitude de cette innombrable milice est digne de la gravité du moment et de la grandeur du spectacle. Une affliction sérieuse et recueillie se peint sur tous les visages. Quand passe le char funèbre qui conduit la dépouille mortelle de ce jeune prince qui, lui aussi, avait porté l'uniforme de la garde nationale parisienne, les tambours battent aux champs, les drapeaux s'inclinent, les officiers supérieurs saluent de l'épée, les gardes nationaux présentent les armes ; une vive émotion éclate, et des larmes coulent de tous les yeux.

La haie de gauche est formée par la troupe de ligne, depuis Neuilly jusqu'au rond-point des Champs-Élysées, par la division hors Paris, et depuis le rond-point jusqu'à Notre-Dame, par les régiments formant la garnison de la capitale.

Le lieutenant général Jacqueminot, qui a présidé, sous les ordres du maréchal Gérard, à l'organisation de tout cet admirable ensemble, est à cheval, à la tête de son brillant état-major, dans la première section du cortége. On y remarque encore, à la régulière beauté de leur tenue, les cavaliers formant la gendarmerie de la Seine, véritables émules des anciens grenadiers à cheval de la vieille garde, puis un magnifique escadron de la garde municipale, et enfin le 2e bataillon des chasseurs d'Orléans, à la tenue sombre et sévère, qui semblaient porter le deuil de leur jeune et infortuné général, masse noire et compacte au milieu de laquelle on ne voyait étinceler que des armes!

La seconde section du cortége commençait avec les premières voitures de deuil, précédées de deux cents prêtres marchant sur deux files à droite et à gauche de la route, et conduits par M. le curé de Neuilly, que la croix précède; au milieu, les curés de Saint-Germain-l'Auxerrois, de Saint-Roch, paroisses du château, les chanoines de Saint-Denis portant le camail et la croix d'or. Les prêtres chantaient en marchant l'office des morts. Ces chants religieux, retentissant au milieu du silence de cette foule immense, préparaient les cœurs aux émotions douloureuses et austères qui allaient suivre.

En effet, le char qui portait le cœur du prince royal approchait, précédé par les voitures de deuil de Mgr. l'archevêque et de son clergé. Le carrosse du prélat était traîné par quatre chevaux richement caparaçonnés; les portières aux armes du royal défunt; la livrée d'argent, l'impériale festonnée de ciselures d'un goût sévère. Une voiture de suite contenait les insignes de la dignité archiépiscopale.

Nous avons décrit le char destiné au cœur. Les aides de camp du prince l'escortaient à cheval. Les gens de la maison de Son Altesse Royale le suivaient à pied, en grand deuil.

Puis venaient quatre voitures à deux chevaux où se trouvaient tous les employés de l'administration et de la maison civile du prince, M. le secrétaire des commandements de Son Altesse Royale en tête.

En avant du char funèbre, le cheval de bataille de M. le duc d'Orléans, *Sidi-Moussa*. Il portait une immense housse en crêpe noir, brodée d'étoiles d'argent, et la selle d'uniforme d'officier général dont le prince se servait habituellement. Deux piqueurs en grande livrée rouge le maintenaient à gauche et à droite. *Sidi-Moussa* avait été pris, en Afrique, sur un chef arabe tué au combat de l'Oued-jer. Blessé de trois coups de feu par les Kabyles au moment où sa course l'entraînait du côté des Français, M. le duc d'Orléans l'avait adopté. Il le montait souvent, et c'est sur ce beau coursier qu'il était entré à Paris à la tête des chasseurs de Vincennes, quand ils vinrent, il y a deux ans, passer la revue du roi.

Après le cheval de bataille, le char funèbre s'avançait lentement, entre deux files de capitaines, choisis dans la garde nationale et dans les différents corps de l'armée de terre et de mer, et ces deux files enfermées elles-mêmes entre deux haies formées par quatre compagnies de sous-officiers vétérans, marchant en ordre de bataille et s'étendant sur un espace considérable.

Derrière le char, les officiers du prince, préposés à la garde des insignes, à cheval.

Ensuite, la voiture des princes, escortée à droite et à gauche par MM. le lieutenant général comte Colbert, le capitaine de vaisseau Hernoux, le commandant baron Jamin, le commandant d'artillerie Thierry, le lieutenant de vaisseau Touchard, le commandant Borel de Brétizel et le capitaine Reille, aides de camp et officier d'ordonnance de Leurs Altesses Royales. Au milieu de tout le cortége, la voiture des princes était peut-être l'objet qui attirait le plus les regards par l'austérité et la tristesse de son aspect. Cette voiture était drapée de noir, sans écusson, sans chiffre, sans broderie; rien que du noir au dehors et à l'intérieur; livrée noire; six chevaux revêtus de longs caparaçons de laine noire qui laissaient à peine apercevoir le bout des sabots; panaches noirs, sans qu'aucun ornement vînt interrompre cette sévère et lugubre uniformité; et dans ce carrosse quatre fils du roi, qui suivaient le deuil d'un frère aîné, leur guide à tous et leur modèle. C'était là un douloureux et imposant spectacle!

Après la voiture des princes, les sous-officiers décorés de toutes armes, préposés au transport du cercueil, un capitaine d'artillerie en tête.

Suivaient quatre voitures à quatre chevaux, brodées et argentées, avec des couronnements ciselés, les chevaux caparaçonnés de la tête aux pieds, les valets en grande livrée noire et argent.

Dans la première de ces voitures, le chancelier et le président de la chambre élective;

Dans la seconde et la troisième, les ministres du roi;

Dans la quatrième, MM. les maréchaux duc de Reggio et comte Sébastiani.

La grande députation de la chambre des pairs et celle de la chambre des députés suivaient dans quatorze voitures à deux chevaux, richement drapées de deuil avec broderies d'argent, huissiers en tête.

Une quinzième voiture avait été réservée aux secrétaires des commandements des princes de la famille royale.

Tous les officiers de la maison militaire du roi, conduits par M. le lieutenant général Athalin, suivaient le cortége à cheval entre la voiture des maréchaux et la grande députation de la chambre des pairs. Dans le nombre, on remarquait MM. les lieutenants généraux comte de Rumigny, comte France d'Houdetot, baron Gourgaud, baron Aymar, MM. les maréchaux de camp vicomte de Rohan-Chabot, de Berthois, MM. les colonels comte Dumas, comte de Chabannes; les officiers d'ordonnance du roi et des princes, les écuyers du roi et du prince royal, les chevaliers d'honneur de la reine et des princesses. M. le lieutenant général Delort, ancien aide de camp du roi, s'était joint à la maison militaire de Sa Majesté, M. le lieutenant général comte Pajol figurait dans la première section du cortége, et M. le lieutenant général Schneider, commandant la division hors Paris, dans la troisième.

La troisième section se composait:

1º D'un très-grand nombre de personnes à pied, militaires ou civiles, d'officiers détachés de l'armée de terre et de mer, parmi lesquels on remarquait plusieurs uniformes de l'armée d'Afrique, et une députation d'officiers du 1er régiment de hussards, autrefois commandé par M. le duc d'Orléans, qui avaient été appelés à Paris par dépêche télégraphique pour assister spécialement au convoi de Son Altesse Royale. Cette députation comprenait: le colonel comte de Gouy, un chef d'escadron, un capitaine, un lieutenant, un sous-lieutenant, et les trois plus anciens parmi les maréchaux des logis, les brigadiers et les hussards. Dans le groupe des personnes à pied on remarquait aussi M. le colonel Desalles, gendre du maréchal Valée, et le célèbre peintre de marine Gudin.

2° De toutes les troupes de diverses armes qui, suivant le programme arrêté à l'état-major de la garde nationale de Paris, devait former la queue du convoi. Ces troupes, massées sur la vieille route de Neuilly, leur droite à la hauteur de la rue du Château, s'étaient mises en marche dans un très-bon ordre, aussitôt après qu'elles avaient été démasquées par les dernières voitures de deuil, et elles s'avançaient en colonnes serrées par peloton, l'infanterie l'arme sur l'épaule gauche, et la cavalerie le sabre à la main. Un magnifique escadron du 5e de lanciers fermait la marche du convoi.

Après avoir décrit la composition du cortége, il nous faudrait raconter sa marche. Il nous faudrait le suivre à travers ces prodigieux flots de population répandus dans l'espace de plus de deux lieues et couvrant les contre-allées de deux immenses avenues, se dressant sur les trottoirs et sur les ponts d'une longue ligne de quais, s'amoncelant dans les rues, se suspendant aux fenêtres et sur les toits des maisons, et partout gardant cette attitude de tristesse recueillie, de sympathie profonde et d'ordre admirable qui a été le caractère de cette grande journée de deuil. Mais le temps nous manque aussi bien que l'espace. Les ordonnateurs de cette solennité douloureuse n'avaient voulu qu'une pompe militaire et religieuse; la ville de Paris a ajouté à leur programme une pompe toute civile. Toute la population parisienne a voulu concourir, avec les chefs de la religion et de l'armée, aux honneurs décernés à la mémoire de l'illustre héritier de la couronne de juillet, et cette démonstration patriotique retentira, nous l'espérons, jusqu'aux extrémités de la France comme un témoignage d'éclatante adhésion donné à la dynastie dont M. le duc d'Orléans était, après le roi, le plus ferme soutien et la plus solide espérance ! Non, jamais la population de Paris ne s'était montrée plus sage, plus dévouée, plus recueillie, plus maîtresse d'elle-même, plus respectueuse.

Toutes les têtes se découvraient sur le passage du char funèbre. Des hommes du peuple pleuraient; des ouvriers portaient le deuil. Pas un cri hostile, pas un désordre n'est venu troubler, dans une si grande foule, l'unanimité de cette noble et touchante manifestation.

Cependant le cortége était arrivé à la hauteur de l'arc de triomphe de l'Étoile. Toutes les troupes ont défilé sous ce glorieux monument de nos victoires. Le char funèbre a passé sous la voûte... Hélas ! M. le duc d'Orléans avait le droit d'y passer mort ! Vivant, il ne s'y était arrêté qu'une seule fois, un instant, le 4 juin 1857, lorsqu'il amenait à Paris sa jeune femme, que l'élite armée de la grande ville allait recevoir dans cette même avenue où elle présente aujourd'hui les armes à son cercueil.

Mais le cercueil a continué sa route ; Notre-Dame de Paris l'attend; là foule est immense sur le parvis. Les chants ont commencé à l'autel. L'heure nous presse, il faut se hâter. Voici les Tuileries. Ici la scène change; au lieu de cette foule empressée, de cette curiosité triste et consternée, mais impatiente et avide, pourquoi cette solitude morne ? Le jardin est fermé. Aux fenêtres du palais, sur les balcons, sur les terrasses, personne : tout est désert. On sent que la mort a visité cette royale demeure, et qu'elle seule l'habite en ce moment. Au Louvre, dans le palais des arts, même solitude, même silence. — Oh ! que les arts puissent pleurer du moins le noble protecteur qu'ils ont perdu !

Nous entrons dans Notre-Dame. L'archevêque de Paris, à la tête de tout son clergé, évêques suffragants, curés de toutes les paroisses de Paris, aumôniers des établissements civils et militaires, chanoines de Saint-Denis et séminaristes de Saint-Sulpice, vient recevoir le corps de S. A. R. Mgr. le duc d'Orléans sous le grand portail où viennent descendre les princes.

C'est un moment triste et solennel.

La place du Parvis est couverte d'hommes et de chevaux ; elle étincelle d'armes, de velours, de broderies ; elle frémit de mouvement, elle palpite d'émotion, elle retentit des salves avec lesquelles l'artillerie salue l'arrivée de l'auguste mort.

Au dedans de l'église, tout est sombre, lugubre, immobile comme l'immense voûte qui domine de si haut cette scène de l'immense fragilité humaine et de royale douleur. La vieille cathédrale est tout entière revêtue de deuil, et elle gémit par la voix de ses chantres qui récitent les versets du *De profundis*.

Les princes sont entrés dans la cathédrale à la suite du clergé. Le cercueil, porté par vingt-quatre sous-officiers décorés, a été placé sous le catafalque et recouvert de son grand drap mortuaire.

Au moment où le corps est entré dans l'église, une batterie d'artillerie a exécuté une salve de vingt et un coups de canon, et le bourdon de Notre-Dame a donné le signal à toutes les cloches de Paris.

L'urne qui contenait le cœur du prince a été portée par

le lieutenant général Marbot dans le cœur de la cathédrale.

Après quoi les fils du roi se sont placés sur un rang, en face du catafalque. Les vêpres ont été entonnées par l'archevêque et chantées par le clergé de la métropole. La cérémonie a duré une heure.

Les princes ont été reconduits à leur voiture avec le même cérémonial, et ont repris, à trois heures et demie, la route de Neuilly.

Ainsi s'est terminée cette triste et grande solennité.

Neuilly, Notre-Dame et Dreux ! telles sont donc les trois dernières phases de cette destinée royale, qui, commencée dans l'exil, puis rendue au ciel de la patrie, longtemps caressée par la fortune, placée par une révolution sur la première marche du trône, embellie et agrandie par tous les bonheurs de la terre et par tous les dons de l'intelligence, a finalement abouti au pavé sanglant de Sablonville ! Destinée lamentable, quand on regarde à sa fin ; destinée brillante et digne d'envie, quand on songe au bien qu'elle a semé sur sa route, au souvenir qu'elle a laissé dans les cœurs, aux regrets déchirants dont son déclin rapide est suivi, et quand on songe aussi que ce jeune prince de trente ans emporte tout entière et intacte dans sa tombe royale la plus rayonnante auréole de bonne renommée qui ait jamais lui sur un cercueil !

NOTRE-DAME

DE PARIS.

Longues et tristes journées ! encore si le roi était laissé tout entier à sa douleur ! mais non, le prince royal n'est pas encore descendu au tombeau de ses pères, qu'il faut aviser à réparer cette grande brèche dans l'État. Un trône ainsi fondé par tant de dangers et tant de labeurs vaut bien la peine qu'on le consolide. Déjà la chambre des députés est réunie, elle attend le roi qui va venir. Le roi lui-même. Il ne craint pas de montrer ses larmes, il ne craint pas de porter au grand jour le deuil sous lequel il est accablé. Au contraire, c'est une sorte de consolation pour Sa Majesté de venir parler de sa douleur. Le 26 juillet, le roi partait des Tuileries pour se rendre à la chambre des députés. Il était suivi de ses quatre fils, son noble cortége. Il traversait cette ville témoin de toutes ses douleurs. Le deuil était partout, dans la chambre, hors de la chambre, sur tous les visages, dans tous les cœurs. D'une voix émue, le roi a parlé de sa douleur, de ce fils dont il est privé: « Privé de ce fils chéri que j'avais cru destiné à me remplacer, et qui était la gloire et la consolation de mes vieux jours.... » A ces mots, cette douleur mal contenue éclate de toutes parts; les sanglots arrêtent cette parole douloureuse. L'assistance répond aux larmes du roi par des larmes! Eh! qu'était-il besoin que le roi parlât aux deux chambres? Ils s'étaient compris à force de regrets et de douleur. Cependant l'église de Notre-Dame de Paris était, du haut en bas, toute couverte de tentures funèbres. Un habile architecte, M. Visconti, s'était emparé de la vieille basilique, et même, dans ce deuil profond, il avait respecté les moindres détails, les plus fins et les singuliers ornements de l'architecture primitive. Dans ce vieux monument de la foi de nos pères, rien n'était voilé qui pût nuire à ce magnifique ensemble de la pierre taillée, des autels, des gloires, des statues, des magnifiques vitraux. Cette fois ce n'était plus le monument qui obéissait à la tenture funèbre, c'était la tenture funèbre qui obéissait au monument; si bien que vous pouviez la reconnaître, dans toute sa majesté et même sous son manteau de deuil, la sainte et vaste basilique. Au dehors de l'église, sur le parvis, au sommet des deux tours, ce ne sont qu'obélisques, tentures flottantes, trépieds d'airain, cyprès d'argent, couronne voilée, bannières déployées qui portent ces mots glorieux : *Anvers! Algérie!* La bannière épiscopale en crêpe noir parsemé d'étoiles d'argent recouvre de ses plis funèbres les deux tours..... Entrez donc plein de respect dans cette enceinte ; entrez dans cette nuit profonde. Deux hommes choisis par M. le ministre de l'intérieur, M. Cavé, le chef de la division des beaux-arts, et M. d'Henneville, sont les deux maîtres des cérémonies de cette solennité funèbre ordonnée par leurs soins, et à laquelle rien n'a manqué de tout ce qui est l'ordre, la magnificence et le respect. Le silence est partout, et cependant l'église est déjà remplie. Le silence, le recueillement, les pensées douloureuses, se cachaient dans cette ombre religieuse. Peu à peu cependant vous commencez par distinguer dans ces ténèbres éclairées ces beaux piliers cachés dans leurs draperies. A cette place et sous ces tentures les quatre grandes fenêtres du temple laissent pénétrer un pâle rayon de soleil ; au milieu de la nef, à la voûte du milieu, à la voûte du chœur, d'immenses bannières de soie bleue vous parlent encore des travaux du prince royal : *Médéah, Milianah, Blida, les Portes-de-Fer.* Des deux côtés du chœur éclate et brille le vitrail aux vives couleurs. Puis tout au fond du temple la porte immense toute grande ouverte qui laisse pénétrer le soleil ; puis dans les tribunes d'en haut, dans les tribunes d'en bas, dans toutes les profondeurs, une foule toute noire, foule compacte et glorieuse composée de tous les grands noms de la France, de tous les grands corps de l'État, riches uniformes, riches broderies, simarres, robes rouges, robes noires, la pairie, la chambre des députés, le conseil d'État, l'Institut, le corps diplomatique, la cour de cassation, la cour royale, la cour des comptes, l'école polytechnique, la garde nationale et l'armée ! Toutes ces grandeurs, toutes ces sciences, toutes ces renommées et toutes ces gloires s'avancent dans les mêmes ténèbres, dans le même silence, pendant qu'au dehors le canon gronde, pendant que le bourdon funèbre frémit tout là-haut dans les tours.

Au centre de l'église, entre les deux nefs latérales, à la droite de la chambre des pairs, à la gauche de la chambre des députés, s'élève le catafalque royal. Un vaste pavillon carré en velours noir brodé d'argent, dont les quatre coins vont se perdre au milieu de quatre trophées de drapeaux tricolores, semble protéger et défendre le cercueil. Ce ne sont que piédestaux, mosaïques brillantes, ornements somptueux. Ici, la couronne royale surmontée d'un crêpe ; plus loin, l'urne qui contient le cœur, recouverte d'un drap violet émaillé d'étoiles d'argent, ou bien le grand cordon de la Légion d'honneur et l'épée du prince royal !... confusion éblouissante ! Mais enfin du milieu de ces cierges qui brûlent, à la pâle clarté de ces lampes funèbres, sur ce piédestal qui fait du cénotaphe un autel, vous aurez bientôt reconnu, l'une après l'autre, tous ces insignes passagers de la mort. Le sarcophage ainsi couvert de cette décoration qui va disparaître à toujours étincelait de mille feux. Tout alentour, comme nous l'avons dit, s'étendaient les ténèbres épaisses ; mais peu à peu toute cette obscurité environnante se remplit de feu et de lumières ; les lustres, les lampes, les candélabres, les innombrables colonnettes chargées de bougies font de cette nuit profonde un jour éclatant, et alors vous pourriez découvrir tout à l'aise cette foule émue et attentive, ces prêtres, ces soldats, ces magistrats, ces savants illustres, l'honneur de la France et son orgueil.

Enfin, quand l'horloge de la cathédrale a sonné onze heures, vous entendez au dehors du vaste portail les tambours qui battent aux champs, l'assemblée tout entière frémit, la croix s'avance au-devant des nouveaux venus qu'on attend encore. Ce sont les quatre fils du roi couverts de leur manteau de deuil ; l'assemblée tout entière se lève dans un mouvement unanime de sympathie et de respect ; la foule se partage en deux et fait place à ces frères malheureux ; ils s'agenouillent sur le prie-Dieu, et à l'instant même commence derrière le cercueil et dans un lointain lumineux la messe des morts.

Non pas la messe arrangée par quelque habile musicien des temps modernes, non pas cette messe ou pour mieux dire cet opéra funèbre pour lequel il faut invoquer le secours des artistes de l'Opéra, — mélodie menteuse, concert profane ; — mais bien la messe auguste et sainte comme la chantent les saints évêques : plain-chant grave et solennel, le *Requiem* dans toute sa majesté imposante, dans toute sa terreur. Non, non, pour célébrer ce deuil public, pour être de niveau avec ces funérailles, pour que la noble mère de ce jeune homme étendu là puisse croire qu'en effet on prie pour son fils, et que cette prière est sérieuse, ne nous parlez ni de Mozart, ni de Beethoven, ni de vos grands chanteurs. La messe de tous les morts peut seule suffire à la douleur publique. Voilà ce que la reine avait très-bien compris avec l'âme d'une mère et l'esprit d'une femme. Dans le cortège de Neuilly à Notre-Dame, la reine n'avait pas voulu des marches composées par M. Auber ; les tambours voilés de deuil avaient dignement accompagné les émotions de la journée. Ainsi, à la cathédrale, la reine avait voulu que l'on célébrât sur le corps de son fils la messe de tous les chrétiens pour qui l'Église a des prières. On ne saurait croire l'immense effet de cette cérémonie ainsi conçue : la voix des prêtres dominait toute l'assemblée ; les paroles funèbres, que le vieil écho de Notre-Dame de Paris rendait plus puissantes et plus vives, retentissaient dans toutes les âmes ; c'était véritablement la messe des morts, véritablement un cri funèbre, véritablement un cercueil ; aussi, jamais une si grande foule ne s'est montrée plus obéissante aux inspirations religieuses ; toutes les têtes se courbaient aux instants solennels. A l'élévation, le canon grondait, les soldats présentaient les armes, les cloches sonnaient à toute volée. La messe dite, l'absoute a commencé ; c'est le moment des derniers adieux du prêtre. Les évêques, chacun à leur tour, ont franchi les marches du cénotaphe, arrivé en avant de l'urne qui contient le cœur, et sur la dernière marche, chacun s'arrêtait et jetait l'eau bénite sur le cercueil du royal défunt; après les trois évêques, Mgr. l'archevêque de Paris est venu le dernier, et, après lui, pour accomplir cette bénédiction suprême, se lèvent tous les quatre les fils du roi ! L'assemblée entière se tient debout à leur exemple. Le premier qui monte ces degrés funèbres, c'est M. le duc de Nemours : un prêtre le précède portant l'eau bénite ; au pied du cercueil, le prince s'arrête, il salue, il jette l'eau sainte ; vous ne sauriez croire l'attention immense qui suivait les moindres gestes de ce noble jeune homme ; après quoi il a redescendu ces marches une à une : alors son manteau noir s'est entr'ouvert, et ceux qui, de loin, avaient à peine aperçu un fantôme tout noir ont reconnu à ses insignes, et surtout à sa douleur, le nouveau fils aîné de la famille royale, M. le duc de Nemours.

Trois fois de suite s'est renouvelée cette même cérémonie funèbre. M. le prince de Joinville, M. le duc d'Aumale,

M. le duc de Montpensier ont jeté, chacun à son tour, l'eau bénite sur le cercueil de leur frère, et trois fois l'émotion a été la même, tant ces nobles jeunes gens étaient grands et simples dans leur résignation. Après les fils du roi, quatre grands dignitaires du royaume ont été seuls admis à monter jusqu'au cercueil : M. le garde des sceaux, M. Laffitte, président de la chambre des députés, M. le comte d'Appony, le doyen des ambassadeurs et enfin M. le maréchal Soult. M. le maréchal Soult a reçu à la guerre un coup de feu qui le rend boiteux ; il gravissait difficilement l'escalier funèbre, il avait peine à le descendre ; un lévite lui offre l'appui de son bras, le vieux soldat le repousse, et il redescend fièrement, les larmes dans les yeux, la douleur dans le cœur.

Dans cette imposante cérémonie, une seule chose a manqué ; hâtons-nous de dire qu'elle était impossible : c'est une oraison funèbre qui fût digne de cette sainte basilique, de cette illustre assemblée, et surtout qui fût digne du mort à qui la France rendait les derniers honneurs. Certes, la voix de l'orateur chrétien, qui s'en vient à la face de Dieu et des hommes pour exhumer, du haut de la chaire évangélique, tant d'espérances évanouies, c'était là autrefois une consécration suprême des existences royales ou héroïques que rien ne saurait remplacer, ni l'histoire, ni le drame, ni le journal, ni l'éloge des deux chambres, ni les livres que nous écrivons nous autres, oraisons funèbres éphémères que le temps emporte. Tout au rebours, l'oraison funèbre de Bossuet est immortelle comme les malheurs de Henriette d'Angleterre, comme la gloire du prince de Condé ; mais Bossuet, où donc est-il ?

DREUX.

Je me lasse, en vérité, de vous raconter tant de douleurs et tant de funérailles. J'étais bien plus alerte, et la description était bien plus obéissante, lorsque nous nous perdions, vous et moi, dans les enchantements du palais de Fontainebleau, dans les surprises infinies du palais de Versailles. Ce crêpe ne convient guère aux plumes légères et heureuses ; parlez-nous de décrire des maisons royales, des tableaux, des statues, toutes les magnificences des jours de gloire et de bonheur, cela nous convient et nous charme, cela nous plaît de vous faire partager ces enchantements et ces merveilles de la royauté ; mais des larmes, un cadavre, des funérailles, un père qui assiste, chose lamentable, aux obsèques de son fils !

Impositique rogis juvenes ante ora parentum.

Ce sont là, juste ciel ! des pages difficiles à écrire : ce n'est

pas la douleur qui nous manque, c'est la force, c'est le talent.
Le bonheur des hommes a mille faces diverses, mille couleurs brillantes ; l'infortune n'a qu'un seul aspect, une seule couleur : c'est comme un long manteau de deuil qui laisse à peine apercevoir un morceau d'uniforme ou un bout de ruban rouge. Voilà pourtant, pendant près d'un mois, quelle a été l'occupation de la France : du deuil, des convois, des tentures funèbres, des cierges qui brûlent, des prêtres qui chantent, des chars qui roulent, des tambours voilés, des cathédrales couvertes du haut en bas de tentures ; et toujours ces quatre frères à la suite de ce cadavre, et ces deux enfants qui demandent à chaque instant si leur père ne va pas bientôt venir ! Longues cérémonies d'un deuil immense ; car même, sous les voûtes de Notre-Dame de Paris, cette œuvre de deuil et de larmes n'était pas accomplie. La chapelle de Dreux réclamait ce cercueil environné de tant d'honneurs. Le 4 août, de bonne heure, toujours à l'instant où le soleil se lève, les quatre frères s'en vont à la cathédrale pour redemander le prince royal. Le char allait vite ; mais à chaque ville, à chaque village, il était arrêté par les soldats, par les citoyens, par les prêtres : c'était un hommage universel ; dans chaque ville on venait le recevoir avec des prières et des larmes. Les vingt lieues qui séparent la ville immense des tombeaux de la ville de Dreux n'ont été qu'une longue suite de bénédictions et de prières. A la fin, la ville de Dreux vous apparaît tout là-bas, au bout du chemin, comme un dôme surmonté d'une flèche ; la ville est entourée d'arbres verts et de vieilles tours ; on pénètre par des ruelles grimpantes jusqu'au sombre édifice qui tour à tour disparaît et se montre de nouveau. Enfin,

quand vous avez bien marché dans ces campagnes toutes remplies d'arbres et de fraîcheur, vous vous trouvez au pied des tours massives qui commandent une porte du quinzième siècle. Découvrez-vous, vous n'êtes plus sous les murs d'une citadelle, sur les ruines des tours renversées par Henri IV, vous êtes sur le tombeau des princes de sa maison. Avancez encore, avancez toujours, vous allez rencontrer une seconde porte, mais celle-là appartient au onzième siècle ; à votre gauche apparaît une chapelle en ruine ; rien n'est resté debout que la base du clocher et l'arcade du portail. Par cette porte on ne passe plus, on admire ; encore un pas, et ces deux plates-formes, séparées par un chemin creux, c'est le tombeau ; pêle-mêle étrange de ruines et de blanches marguerites, de créneaux et de clématites ! Sous ce parterre et sous ces ruines vous allez trouver le souterrain funèbre ; là s'est élevée la chapelle de la princesse Marie, frêle et doux édifice dont elle n'a trouvé le pendant que dans la ville de Pise, sur l'Arno, à l'église della Spina.

Prenez à l'ouest cette avenue de sureau et d'églantiers, franchissez la route basse de la chapelle, laissez à votre droite le pavillon où le roi Louis-Philippe s'est arrêté un instant pour attendre le corps de son fils ; entrez dans la chapelle. La chapelle est tout ouverte ; sur les trois autels de cette rotonde funèbre, la messe a été célébrée ; on n'attend plus que M. le duc d'Orléans lui-même. Là, il est attendu par la duchesse d'Orléans sa grand'mère, sainte femme, l'honneur de sa maison ; par la jeune princesse Françoise, par le jeune duc de Penthièvre, deux enfants qu'il a connus à peine ; là, il est attendu surtout par la princesse Marie, sa digne sœur. Toute la ville de Dreux s'est portée au-devant du cercueil. Sur les degrés du portique se tient debout l'évêque de Chartres. Au bas des degrés, lui-même, en habit de ville et en grand deuil, imposante figure ! imposante douleur ! Il est venu pour conduire ce dernier deuil ; il est venu pour faire à son fils les honneurs de la tombe commune. Ses fils le suivent, silencieux et pénétrés comme lui. Alors recommence le *De profundis*, alors recommencent les prières et l'hymne des morts ; alors encore une fois, mais pour cette fois sans retour, le cercueil est emporté dans ces caveaux, dans ces ténèbres, aux chants des prêtres, à la clarté des cierges, à la vapeur de l'encens. « Adieu, mon fils ! » a dit le roi avec des larmes. « Adieu, mon frère ! » se sont écriés les quatre princes. Suprême adieu !

Nous cependant qui, par la force même des choses, avons été conduits à compléter par ces tristes détails un récit tout rempli de fête et de joie, nous demandons grâce pour cette narration incomplète, et peut-être un peu diffuse. Ce ne sera que bien plus tard, quand la France sera revenue sur ses premiers étonnements, que les historiens à venir pourront, à l'aide des matériaux que nous transcrivons tout exprès pour eux, reconstruire dignement la vie du prince royal. Ceux-là le jugeront sous l'aspect qui leur conviendra de choisir. Ils étudieront le soldat, ils diront quel eût été l'homme politique, ils tâcheront de retrouver sous cette mort cruelle le roi que la France a perdu. Nous cependant les poëtes, les écrivains et les artistes de ce temps-ci, nous n'aurons pas attendu si longtemps pour le pleurer.

TABLE.

	Pages.
Palerme et Paris.	7
Fontainebleau.	48
Versailles.	109
Paris.	189
Alger.	207
Le treize juillet 1842.	228
Neuilly.	239
Les funérailles (30 juillet).	251
Notre-Dame de Paris.	265
Dreux.	273

www.ingramcontent.com/pod-product-compliance
Lightning Source LLC
Chambersburg PA
CBHW050647170426
43200CB00008B/1194